岭南师范学院广东省中小学教师发展中心研究成果

县域学校教师创新驱动发展

教师评价：绩效赋能与

张 旭 车丽金◎著

校本实践研究丛书

主编 王林发

海峡出版发行集团
THE STRAITS PUBLISHING & DISTRIBUTING GROUP
福建教育出版社

图书在版编目（CIP）数据

教师评价：绩效赋能与县域学校教师创新驱动发展/张旭，车丽金著．—福州：福建教育出版社，2024.6
（校本实践研究丛书/王林发主编）
ISBN 978-7-5334-9556-5

Ⅰ.①教… Ⅱ.①张… ②车… Ⅲ.①教师评价 Ⅳ.①G451.1

中国版本图书馆 CIP 数据核字（2022）第 237735 号

校本实践研究丛书
主编 王林发

Jiaoshi Pingjia：Jixiao Funeng Yu Xianyu Xuexiao Jiaoshi Chuangxin Qudong Fazhan
教师评价：绩效赋能与县域学校教师创新驱动发展
张 旭 车丽金 著

出版发行 福建教育出版社
（福州市梦山路 27 号 邮编：350025 网址：www.fep.com.cn
编辑部电话：0591-83727542
发行部电话：0591-83721876 87115073 010-62024258）
出 版 人 江金辉
印 刷 福州德安彩色印刷有限公司
（福州市金山工业区浦上标准厂房 B 区 42 栋）
开 本 710 毫米×1000 毫米 1/16
印 张 12.25
字 数 188 千字
插 页 1
版 次 2024 年 6 月第 1 版 2024 年 6 月第 1 次印刷
书 号 ISBN 978-7-5334-9556-5
定 价 40.00 元

如发现本书印装质量问题，请向本社出版科（电话：0591-83726019）调换。

前 言

2008 年，教育部颁布了《关于做好义务教育学校教师绩效考核工作的指导意见》，此意见明确提出，“义务教育学校实施绩效工资分配改革，必须建立符合教育教学规律和教师职业特点的教师绩效考核制度，为绩效工资分配更好地体现教师的实绩和贡献、更好地发挥激励功能提供制度保障。”同时，该意见鼓励各学校积极探索绩效考核的有效方法。这些年来，随着绩效工资的不断实施，教师评价虽然已取得了一定的成效，但我们发现部分县域学校的教师评价仍存在重考核轻发展的问题，忽视了评价的诊断、激励与导向功能，这与理想中的教师评价还有较大的差距。

2018 年，习近平总书记在全国教育大会的重要讲话中指出，要“坚持把教师队伍建设作为基础工作，深化教师管理领域的综合改革，锻造一支高素质专业化创新型教师队伍，让教师队伍成为建设社会主义现代化强国的重要支撑力量。”这给我们带来了很多的思考，我们认为绩效工资的实施，需要充分利用教师评价的结果，真正发挥评价的诊断、激励和导向功能。由此，给予教师客观、恰当的评价，激活教师的内在发展动力，促进教师进行专业发展。基于此，我们编写了《教师评价：绩效赋能与县域学校教师创新驱动发展》这本书。

教师作为教育教学体系的重要组成部分，与教育教学质量密切相关。教师评价是促进教师进行自我反思、不断成长的有效手段，是提高人才培养质量的关键。目前，有些教师评价制度单一地以奖惩性或是以发展性为主，这些评价制度要么是过于注重教师的绩效表现，使教师缺乏内源动力；要么单方面注重教师的发展，令教师缺乏外源动力。这些评价制度将内源动力与外源动力割裂开来，无法起到真正激发教师进行专业发展的效果。而通过绩效赋能教师评价，将教师的外源动力与内源动力相结合，赋予教师源源不断的奋斗动力；提高教师的工作积极性，正是本书要阐述的内容。

本书以“绩效赋能的教师评价”为手段，探索由教师评价促进教师个体进行专业成长、推动县域学校可持续发展的实践路径。全书共有六个章节，内容包括绪论、绩效赋能与县域学校教师创新驱动发展的理论内涵、绩效赋能与县域学校教师创新驱动发展的评价模型、绩效赋能与县域学校教师创新驱动发展的评价工具、绩效赋能与县域学校教师创新驱动发展的实践探索、绩效赋能与县域学校教师创新驱动发展的对策建议。

为有效应对教师评价的困境，本书突出三大特点。一是通过绩效评价实现对教师的奖惩性评价和发展性评价相结合，以此激发教师的工作热情，提高教师的工作积极性。同时，引导教师提高自身的专业知识与能力，促进教师进行自我专业发展，最终达到推动县域学校整体发展的目的。二是积极进行总结和反思，探索教师评价的有效实践路径。经过几番努力探索，我们构建了三大绩效赋能教师评价模型，分别是绩效赋能的专业成长模型、绩效赋能的教师特质模型和绩效赋能的过程取向模型。这些教师评价模型的构建，不仅有利于充分发挥绩效评价的诊断、激励、导向功能，而且能够对县域学校的教师评价起到一定的借鉴作用。三是绩效赋能的教师评价采用了多元的评价主体，选用了多元的评价工具，能够保证教师绩效赋能评价的科学性和有效性。

另外，在绩效赋能与县域学校的创新驱动发展实践探索中，我们以结构、心理、领导三个维度对教师进行赋能，收到了良好的成效，不仅切实提高了教师创新驱动发展的执行力，释放了教师创新驱动发展的亲和力，而且有效激发了教师创新驱动发展的创造力。我们真诚地希望能够通过本书，帮助县域学校走出当前的教师评价困境，促进县域学校全面发展。

由于编著者水平有限，如有不当之处，欢迎广大读者朋友们批评指正。

编者

2021 年 8 月

目　录

绪论

第一节 绩效赋能的研究背景

随着社会的发展变化，社会公平与民主成为政府管理的重要要求，要求管理更有回应性，更有责任心和富有效率。为此，西方国家将私营部门的管理方法和经验运用，采取了以公共责任为理念，以谋求提高效率与服务质量，改善公众对政府共同部门的信任为目的的政府绩效评估措施。① 这一措施为管理拓宽了视野，也为解决当下学校行政管理问题提供有益的借鉴。

一、绩效赋能概念的提出背景

随着经济全球化和信息时代的到来，世界各国企业面临着激烈的竞争，许多企业都在探索提高生产力和改善组织绩效的有效途径。在探索改善评价绩效和如何界定绩效的过程中，企业逐渐发现能真正促使组织绩效提高的学习型组织，将绩效评价定位在组织成员行为的改变上。基于此，研究者拓展了绩效的内涵，并在总结绩效评价不足的基础上，提出“绩效管理”的概念，后来经学者进行进一步的研究与细化，在绩效管理的基础上延伸出“绩效赋能”的概念。

（一）绩效赋能概念的提出

绩效赋能是绩效管理的一个阶段。绩效管理始于绩效评估，是管理组织

① 蔡立辉. 西方国家政府绩效评估的理念及其启示 [J]. 清华大学学报（哲学社会科学版），2003（01）：76－84.

绩效的过程，依据员工和他们的直接主管之间达成的协议来实施一个双向式互动的沟通。绩效管理的发展分为绩效考核阶段、绩效管理和绩效赋能三个阶段，其中绩效赋能阶段是绩效管理的高阶阶段。相对于传统的绩效管理来看，绩效赋能体系将更加注重“以人为本”，注重提高人的能力与激发人的主观能动性。

从结构上看，绩效概念主要包括行为与结果两个方面，其中，行为是由从事工作的人表现出来，将工作付诸实践，这里的行为本身也是结果，是为完成工作所付出的脑力和体力的结果，并能与结果分开判断。[①] 因此，组织对个体进行绩效管理时，需要同时考虑投入和产出两个方面。布雷德拉普（Bredrup，1995）认为绩效管理是管理组织绩效的过程。包括计划、改进和考察三个过程，这种观点的核心在于决定组织战略以及通过组织结构、技术和程序等加以实施[②]，学者对绩效管理与绩效概念的探究与分析为人们对绩效的理解提供了理论依据与参考，也是绩效赋能提出的雏形和基础。

当前学术界对绩效内涵的看法并不统一，主要存在两种观点。一种是贝纳丁等人（Bernardin et al，1984）的定义[③]，他们认为，绩效是在特定时间范围，在特定工作职能、活动或行为上生产出的结果记录。这种观点被大多数研究者反对，学术界普遍赞同另一种观点，即坎贝尔等人（Campbell，et al，1993）[④] 提出的观点，认为绩效是员工自己控制的与组织目标相关的行为。在这种定义中，还包含了对绩效的一些其他观点：①绩效是多维的，没有单一的绩效测量，在大多数背景下，与组织目标有关的工作行为有多种类型。②绩效是行为，并不必然是行为的结果。③这种行为必须是员工能够控制的。

---

① 宋梦赏. “双一流”建设背景下高校教师绩效评价的角色转变［J］. 上海教育评估研究，2021（03）：21－25.

② 叶梁军. 浙江省中小企业多维度绩效考核体系及运用［J］. 科技通报，2018（09）：273－276，282.

③ Bernardin，H. J. &Beatty，R. W.. *Performance appraisal：Assessing human behavior at work*. Boston：Kent Publishers，1984.

④ Campbell，J. P.，McCloy，R. A.，Oppler，S. H. &Sager，C. E.. “Atheory of performance”，InN. Schmitt&W. C. Borman（Eds.）. *Personnel Selection in Organizations*（pp. 35－70）. San Francisco：Jossey－Bass，1993.

赋能理论最开始被应用于人力资源管理领域，强调通过一系列权力授予和下放的管理行为激发员工的主动性（Mainiero，1986）。随着共享经济时代的来临，“赋能”这一概念在企业组织结构的变革研究中被频繁应用并有了新的定义：大型的组织或平台，通过创造互动场景、开放平台接口和技术转移转化等手段，赋予利益相关者创新、生产和竞争的能力，以实现资源的高度整合与高效利用（郝金磊、尹萌，2018）。赋能维度的提出也在不断扩展赋能理论的应用范围，而赋能的内涵也由单一的个体层面扩展到了组织层面。①

（二）绩效赋能的提出目的

早在 20 世纪，学校管理也已经开始将绩效理论运用于行政管理当中，以期管理运行的过程更加井然有序，为激励员工的主观能动性创造有利的条件。在学校中，应用绩效管理的主要目的是激励员工努力工作，约束学校员工的不合理个人行为与工作习惯，提升员工的职业素养与工作能力。通过绩效考核管理制度实施，明确员工的工作方向，调动员工的工作积极性，在不断提升员工工作质量与工作效率的同时，促进内部核心凝聚力的提高，这不仅有助于学校不断提升整体发展管理水平，也能够有效实现单位现代化发展管理与规划目标②，促进机构内部的有效运转与发展。

1. 满足单位体制改革的需求

随着现代社会的发展，事业单位需要进行内部的体制改革，事业单位在确保稳定发展的同时，需要发挥好基本的社会职能和社会价值，使事业单位的发展满足社会发展的实际需要。学校在进行管理的过程中，也需要确保事业单位的人力资源管理和运行机制符合当下的发展背景。通过结合制度变革的要求、目标、进程、内容做出充分的考虑分析，以保证理论与学校体制相

---

① 周必彧，邢喻. 众创空间赋能形式与培育绩效研究——基于浙江省 185 家众创空间的实证研究［J］. 浙江社会科学，2020（2）：60—66，59，157.

② 王卓. 事业单位绩效工资制度改革的对策［J］. 中小企业管理与科技，2021（18）：84—85.

联系起来，使之涉及事业单位的各项改革当中①，为促进学校行政管理改革提供理论依据。

2．促进提高单位员工的价值

事业单位优化绩效管理实际上也是对事业单位员工个人价值和工作热情的激发，事业单位进行人力资源绩效管理，能够在一定程度上调动员工的工作积极性，有助于提升员工的工作效率。在这个过程当中，绩效管理不是一种简单的奖惩工具，其核心目的是让员工在工作中发挥自己的长处，改进不足，从而促进自身的发展。绩效管理能帮助员工明确自己的工作任务和目标，明确需要把工作完成到什么程度，可以做什么决策，并减少员工之间因职责不明而产生的误解，提高机构内部机制运行的效率。

3．提高事业单位的社会价值

不同的事业单位肩负着一定的社会责任，学校也需要在不断发展的过程中借助自身的影响力和实际效用推动社会发展，因而，学校要做好单位内部人力资源绩效管理方式的创新，有效提升自身的发展效率，从而更好地促进社会价值的提升。学校管理通过运用绩效赋能促进教育功能的有效发挥，促进学校社会价值的更好实现并提升影响力。

（三）绩效赋能的影响因素

绩效赋能影响因素的深入探讨是绩效评估研究的一个组成部分，对各种较小评估的模型建构具有重要意义。在对影响绩效评估的因素进行分析的同时，研究者开始关注个体绩效的影响因素的区分。在这方面值得注意的是学者坎贝尔（Campbell）对个体绩效影响因素的区分。

在提出绩效结构的成分之后，坎贝尔根据对绩效的影响方式的不同，划分出绩效的决定因素（determinants）和前件因素（antecedents），绩效的决定因素代表产生绩效行为所必需的人或技术的能力，它是绩效的直接原因，

① 高山．大数据时代企业人力资源绩效管理创新分析［J］．中国集体经济，2021（18）：98－99．

而前件因素是导致每一种能力之不同的因素，它通过对决定因素产生作用而间接影响绩效。决定因素包括知识技能、动机、技术因素，前件因素包括能力、个性、培训、领导、适应性等。① 研究者们认为影响绩效的因素是多维度的，绩效评估研究已经从关注绩效的工具性到兼顾评估者与评估工具，也更加注重评估的分析和组织因素对个体的影响。绩效评估因素范围的扩大也标志着绩效评估的发展，有助于加深人们对绩效过程的认识，以便进一步地完善和利用。

二、绩效赋能的发展历程

从传统绩效考核到现代绩效管理是人力资源管理理念的深刻变革，即管理思想上从科学管理发展到人本管理，管理手段上从行政约束发展到沟通激励，管理基点上从结果管理发展到过程管理，并在此基础上提出了建立全面绩效管理体系的观点。

（一）绩效赋能理论源流

在西方工业领域，罗伯特·欧文斯最先于 19 世纪初将绩效评估引入苏格兰，美国军方于 1813 年开始采用绩效评估，美国联邦政府于 1842 年开始对政府公务员进行绩效评估。法约尔（Henri Fayol）《工业管理与一般管理》以更宏观的研究把绩效管理从工商企业推广到各种人类组织。从此，绩效管理的理论与方法成为了适用于包括经济、行政、军事和宗教组织在内的一般的管理理论与方法②，广泛运用于社会生活的管理当中，与人们的规则与秩序息

① 蔡永红，林崇德. 绩效评估研究的现状及其反思［J］. 北京师范大学学报（人文社会科学版），2001（04）：119—126.

② 何琪. 从绩效考核到绩效管理：人力资源管理理念的发展［J］. 社会科学论坛（学术研究卷），2007（04）：97—103.

息相关。

在我国，20 世纪 70 年代后期理论界提出了“绩效管理”的概念；80 年代后半期和 90 年代早期，随着经济与管理水平的发展，人们对人力资源管理理论和实践研究的重视，绩效考核得以在各种组织中充分实施和运用，绩效管理逐渐成为一个被广泛认可的人力资源管理过程①，成为了人们社会生活与日常管理当中的一部分。

（二）绩效赋能的历史演进

虽然绩效管理的概念直至 20 世纪 70 年代才被明确提出，但绩效管理和绩效改善的思想却始终紧密围绕着管理学的发展而发展。从绩效管理工具的角度来看，绩效管理的发展历经了一个多世纪，学者们探讨了绩效评估工具、评估者的认知加工过程、评估中的情感因素、评估者的角色等对绩效评估结果的影响等，并建立起了各种个人总体绩效评估的模型，进一步探讨了绩效本身的结构。② 研究者在研究过程中仍有尚未解决的命题，例如，如何改变评估形式，什么因素决定了评估结果的有效性，评估基础的性质，被评定者绩效的决定因素等，这些命题对于绩效管理理论的发展具有重要的导向和促进作用，仍受到研究者们的关注。

公共管理的理论研究及其知识发展为绩效评估在西方国家政府管理中的孕育和产生奠定了理论基础。从历史的观点看，西方公共行政学自 19 世纪末到 20 世纪 60 年代着重研究的是行政组织的内部取向、机构组成、活动程序、行政原则和官僚体制；行政学以管理学为理论基础，科学管理占据了主导地位；公共部门的管理以技术为基础。③ 以效率和效益为导向的技术视野是这个时期公共行政的标志，追求行政效率是这个时期公共行政理论与实践的最高目标。

---

① 仲理峰，时勘. 绩效管理的几个基本问题［J］. 南开管理评论，2002（3）：15－19.

② 吴绍棠，龙玎，夏天. 绩效管理的变革与创新研究［J］. 湖北经济学院学报，2014（01）：83－88.

③ 张捷，郝志敏. 政府绩效评估的价值选择［J］. 前沿，2010（23）：170－174.

三、互联网时代绩效赋能的研究价值

随着互联网技术的渗透与发展，传统的绩效管理模式已经不适应互联网时代的发展环境，一些绩效指标成为了不必要的环节，绩效管理方法也逐渐向精益化、结构化、系统化的趋势发展。[①] 建立新的绩效管理体系对于解决当下学校管理问题具有重要意义。因此，将传统的绩效管理方法与互联网时代思想相结合，对学校管理和社会发展具有积极的促进作用。

（一）互联网时代绩效赋能的内在特征

中小学绩效赋能应在严格遵循教育管理政策的相关规定与要求的同时，充分利用好互联网技术与平台，结合中小学自身特点制定完善的预算绩效管理模式，实现对日常工作的科学化指导，促进管理效率的有效提高。互联网时代绩效赋能的特征与表现可归纳为以下几点。

操作流程与结构更加系统化。过去的中小学绩效管理模式当中，缺乏符合中小学特性的统一绩效标准，并且存在生搬硬套高校管理模式的问题，导致实施的效果不佳。在互联网技术与平台的运用下，这个问题可以得到很好的解决。学校通过制定统一的绩效标准，与其他中小学校进行对比，在预算绩效考核中的数据时，精确性也会得到更好的保证，促进评价结果的合理应用，使评价体系更加符合中小学考核的周期特性与需求，提高评价结果的有效性。

预算的专业性、严谨性逐渐规范化。互联网技术的应用有助于帮助中小学预算绩效管理体系的完善，促进常规工作开展的规范性与专业性。在确保

---

① 朱春兰."互联网＋"背景下制造业绩效管理方法研究［J］.现代经济信息，2020（1）：25—26.

预算编制内容精细化、增加投入产出、提高满意度和社会效应，以及增强实际执行效果的同时，还能促进内部控制管理工作和制度的构建，对岗位进行科学分离，增强预算控制力度。[①] 控制力度的增强有助于帮助管理者高效率管理和实施，通过精准化的数据和计算，提高绩效评价结果的公平性和可行性，促进绩效管理的完善。

运用信息技术实现管理目标的交互性。多数中小学已经开始应用人力资源管理系统，对于绩效考核方面也具有较多的改革措施，充分利用人力资源绩效数据资源，结合学校内部与外部的反馈制定交互管理措施，能够有效提升绩效考核管理水平。运用大数据等技术，结合员工的实际工作业绩与评价反馈系统促进绩效考核内容的完善，帮助管理者根据数据结果获取员工的工作情况与发展需求。[②] 这样通过学校内部、同事评价、家长与学生反馈的方式相结合，有助于提高评价结果的科学性与客观性，也有助于增强绩效考核管理的人本性。

（二）互联网时代绩效赋能的现状

组织结构调整和变化后，需要采用新的管理绩效的措施。近年来基础教育改革不断推进，然而仍有少数中小学在改革的过程中忽视了绩效管理的改革，教职人员对绩效管理的认识不够准确和深入，思想未能跟上制度的实施，导致绩效管理工作容易流于形式；教职人员在工作中仍坚持过去的工作方式，绩效管理的效果不佳。

绩效考核的管理体系不完善。绩效考核的指标缺乏统一和科学的体系，管理人员往往对员工的考核加入过多的主观意愿，在考核过程中相关指标设计不合理，不利于激发员工的工作积极性。此外，管理人员未能充分发挥绩效考核的结果价值，对员工的具体绩效情况缺乏整体全面的掌握，导致对工

① 杨琳. 中小学预算绩效管理现状、问题及优化策略思考［J］. 财经界，2021（3）：21—22.

② 高山. 大数据时代企业人力资源绩效管理创新分析［J］. 中国集体经济，2021（18）：98—99.

作重心的优化缺乏参考依据①，难以调动员工的工作积极性与主动性，也不利于学校整体的发展。

（三）互联网时代绩效赋能发展的时代动力

当前社会正在向互联网时代转型，传统的行政管理和流程都将被重构，在这种情况下，绩效管理发展要抓住条件和时代发展的优势，促进自身的发展。

利用信息化技术监督制度的运行。从管理方面来看，绩效管理是帮助管理人员实现工作的解放，以往的绩效考核数据已经非常落后，不能准确评价绩效的质量，也不能为组织和个人绩效管理提供重要的参考，而应用信息技术可以使人力资源绩效管理流程更加规范，促进数据的全面整合。通过考核员工可以发现自身存在的不足，并进一步促进绩效管理的创新，更好地发挥互联网技术对绩效管理产生的作用。②

借助信息化工具提升绩效管理效率。学校为教师提供进一步发展的空间，可以利用互联网技术为教师制定长期的发展规划，使其能够在工作中不断感受到自身能力的提升，从而有更多的获得感和成就感。③ 学校绩效赋能可以借助这一优势建设并完善学校文化，利用互联网平台，为员工提供充足的学习资源，提高教师的素质。

---

① 汪静如. 新时期事业单位绩效管理现状及优化策略分析［J］. 质量与市场，2021（3）：25－26.

② 朱春兰. “互联网＋”背景下制造业绩效管理方法研究［J］. 现代经济信息，2020（1）：25－26.

③ 唐玉群. “互联网＋”时代的知识型员工绩效管理新模式探索［J］. 商场现代化，2021（7）：156－158.

第二节　绩效赋能的历史与现状

绩效赋能是绩效管理的一个阶段。绩效管理的前身是绩效考核，我国的绩效管理从2000年开始经历了绩效考核阶段、360度评估阶段、目标KPI考核阶段和现在的战略绩效管理阶段。绩效管理初期主要通过考核方式判定员工的劳动成果，随着绩效的发展逐渐形成了绩效管理的一套系统，包括计划、实施、评价、反馈和改进几个方面。① 经过学者的研究，绩效赋能管理体系已经逐渐发展和完善，为现代中小学管理提供了便利和借鉴。

一、绩效赋能管理系统的发展回顾

绩效管理最开始在企业中的体现主要是进行绩效评估。但随着经济与管理水平的发展，越来越多的管理者和研究者意识到绩效评估的局限性和不足，并开始改善绩效管理体系的探究与理论创新的尝试。绩效管理正是在对传统绩效评估进行改进和发展的基础上逐渐形成和发展起来的。② 我国从近些年开始关注并重视教育绩效，公共管理的发展一直推动教育绩效管理的扩大，义务教育的检查评估也更多强调绩效。在基础教育界，对地区教育发展的绩效评价，对学校的绩效评价，对教师绩效的考核评价也都是重点和热点，不仅质量监测在强化，一些地方推进的教师管理的“县聘校用”，必将大大强化政府对学校、学校对教师的绩效考核管理。③ 从总体上看，我国的绩效管理系统

① 闫增乾. 绩效管理的发展和变革［J］. 楚商，2019（9）.

② 牛成喆，李秀芬. 绩效管理的文献综述［J］. 甘肃科技纵横，2005（5）：103，88.

③ 戚业国. 论教育绩效与教育绩效管理［J］. 教师教育研究，2019（5）：1—7.

的发展可以从以下三个方面进行归纳对比。

（一）以绩效变革为导向：从绩效考核阶段到战略绩效管理阶段

绩效管理体系始终以绩效变革为导向，不断更新和完善绩效体系，也进一步丰富了绩效管理理论。绩效管理方法主要包括个人考核方法、员工行为的客观评价法和主要用于组织的考核方法，其中，用于组织的考核方法发展历程包括：绩效考核阶段、360 度反馈评估、战略绩效管理阶段三个时期。

1．绩效考核理论阶段

2000 年，我国的绩效管理主要以绩效考核为主。绩效考核是指主管或相关人员对员工的工作做系统的评估，是一种衡量、评价、影响员工工作表现的正式系统。管理者根据员工的绩效考核判断员工的工作成效，以此来揭示员工工作的有效性及其未来工作的潜能，从而使员工本身、组织及社会都受益。它可以通过系统的方法、原理来评定和测量员工在职务上的工作行为和工作成果。① 绩效考核是绩效管理的前身，相对于绩效管理而言，绩效考核更注重判断。绩效考核最初是被设计用来进行管理和控制员工，并为激励、转岗、解聘、薪酬决策提供依据，后来逐渐发展形成了绩效管理理论。

2．360 度反馈评估

360 度反馈评估方式可称为多源评估或多评价者评估，它不同于自上而下由上级主管评定下属的传统方式，评价者包括上级主管、同事、下属、客户还包括员工的自评等，它可以从不同层面的群体中收集信息，尽可能真实、全面地反映员工绩效。② 这一阶段的绩效理论相对于绩效考核理论来说，更加注重组织内相互支持、鼓励沟通的凝聚文化氛围，需要组织有明确的发展目标，同时强调工作分析的结果借鉴。从整体上看，360 度反馈评估体系提供的结果更加客观、全面和准确，但实施起来具有一定的困难，耗费的资源也比

---

① 李红卫，徐时红．绩效考核的方法及关键绩效指标的确定［J］．经济师，2002（05）：152—153．

② 李珏，张海东．试论如何在企业战略目标中运用 KPI 考核体系［J］．中国管理信息化，2008（7）：100—103．

较多，尚未具有较好的可行性。

3．战略绩效管理阶段

战略绩效管理最初源自于企业管理，它是将企业内部各部门、单位乃至个人的目标同企业整体战略目标相结合，挖掘企业内部各部门的潜力，并统一协调内部行为，从而实现战略目标的一个循环往复的动态管理过程。[①] 战略绩效管理的工具包括预算、评分积分卡 BSC 评价体系和 KPI 关键绩效指标三大体系。

预算是三个理论当中出现最早的，在 20 世纪 20 年代就成为了管理的主要手段，直至今天，预算也仍是能把组织所有关键问题融合于一个体系中的管理控制方法之一。BSC 在 20 世纪 90 年代诞生，评价体系强调平衡与逻辑关系，要求指标要全面，平衡远期与近期，以有助于指明战略实现的轨迹，但在实施的过程中容易遇到一些困难，尤其是对具体的人员考核上。[②] 但 BSC 对于效率与员工成长能力的评价具有积极的意义，有效改变过去忽视长期性和评价过程的局面。

KPI 关键绩效指标是用于沟通和评估被评价者绩效的定量化或行为化的标准体系。实施 KPI 在设定目标过程中，从宏观到微观，从整体到部分，依次具有组织的绩效目标、部门的绩效目标、流程的绩效目标和员工的绩效目标几个层次。[③] 关键绩效指标必须是定量化和行为化的，要求组织要制定出一系列对发展有提示和监控作用的标准衡量指标，将实际过程中产生的相关指标实际值与预先设定的标准值进行比较，分析并找到借鉴问题的方式和途径，从而促进组织运行结构的优化。目标 KPI 考核理论体系对信息数据收集的完整性、时效性，计划、预测趋势和目标设定的层次性都有一定的要求[④]，需要实施者对目标体系进行及时的调整，从而保证阶段性目标的持续性。

---

① 廖建桥．中国式绩效管理：特点、问题及发展方向［J］．管理学报，2013（6）：781－788．

② 李春瑜，刘玉琳．战略绩效管理工具及其整合［J］．会计之友，2005（7）：26－27．

③ 郭伟，吴松，时冉冉．绩效管理发展历程对医学院校的启示［J］．卫生职业教育，2018（15）：11－13．

④ 李珏，张海东．试论如何在企业战略目标中运用 KPI 考核体系［J］．中国管理信息化，2008（7）：100－103．

（二）以绩效评估为基础：从目标管理到全面质量管理的发展历程

彼得·德鲁克在1954年提出目标管理理论，他认为只有确定目标，才能明确工作内容，从而形成有效的管理体系。在目标管理中，组织目标确定以后，主管与属下需要沟通讨论，在组织目标上达成共识，然后制定个人目标。这种方式，使组织目标环环相扣，强调员工的管理和双向沟通，一方面，管理者主动帮助有需要的员工；另一方面，管理者如果不能解决问题，可以通过与其他层级的员工沟通①，商讨出合理的解决方案。

爱德华兹·戴明在1940年提出全面质量管理理论，他认为高质量可以让员工、组织本身和社会长期受益，所以追求高质量是一个组织的中心；全面质量管理是全员参与、全过程和全方位的管理。质量体系实际上是把教育全面质量管理作为一个整体的系统看待，包括社会性系统、技术性系统与管理系统三个子系统：社会性系统包括校园文化、教师与教师、教师与学生等，技术性系统包括管理过程中需要采用的工具；管理系统则涉及组织结构、组织使命与目标等。② 全面质量管理理论强调每一个组织内的个体，对个体的责任，对质量的改进和结合实际调整目标提出较高的要求。

学者们后续还提出了平衡积分卡理论，展开对教师绩效评价的研究，从学校的财务、内部运营、学习成长等维度探究教师绩效评价体系的构建。为中小学校综合不同的评价主体和多种评价手段对教师进行全方位的绩效评价提供了理论基础与评价的工具。

（三）以绩效理论为支撑：从多元化到规范性的绩效评估理论体系

绩效理论构建体系经历了中西方经验结合的多元化时期，学者们针对绩效中的评估目标、评估主体与评估对象的具体组成等内容展开了讨论。该阶

① 冯安明. 绩效考核的历史变迁给企业的启示［J］. 经济师，2011（5）：263－264.

② 施晓光. 西方高等教育全面质量管理体系及对我国的启示［J］. 比较教育研究，2002（2）：32－37.

段的理论研究呈现了多元化的特点，主要体现在研究视角的多维度和研究方法的拓展上。绩效评估不再专属于公共管理领域，而扩展到了涉及公共管理、财政学、社会学等多学科交叉的研究领域。

经历多元化的阶段后，绩效赋能理论开始逐渐向规范化转变。由于管理存在失效、无效、碎片化的现象，不利于有序管理的执行。因此，绩效管理理论逐渐在管理目标指引下走向规范化，绩效评估面前人人平等，绩效管理在不同层级和机构之间进行协调，形成了内在逻辑一致性的原则制度体系，提高了绩效管理评价标准的一致性和统一性。

二、绩效赋能管理体系的现状分析

当前绩效管理活动有一套完整的绩效体系，但绩效考核还没有完全退出舞台，绩效管理体系仍存在需要解决的问题。自 20 世纪 90 年代以来，我国的绩效考核理论体系逐渐走向成熟，绩效模型的提出与实践为组织管理提供了便利的管理工具和手段，这些都为现代中小学的绩效管理体系的构建创设了良好的条件。

（一） 20 世纪 90 年代至今的绩效赋能管理发展状况

我国的绩效考核在 20 世纪 90 年代才趋于成熟，其演变历程与西方绩效考核十分相似。1999 年，财政部等四部委颁发《国有资本金效绩评价规则》和《固有资本会效绩评价操作细则》，随后，各地对企业经营者开始进行年薪制考核，在员工的激励上，企业普遍履行岗位技能工资制或绩效工资制。① 我国的企事业单位近 20 年在借鉴西方的基础上，逐步建立起相对完善的绩效考核体系。更加重视考核指标的多维化，考核理念以战略为导向，兼顾定量指

① 冯安明. 绩效考核的历史变迁给企业的启示 [J]. 经济师，2011 (5)：263－264.

标和定性指标，岗位与员工相应的职责相匹配，促进了绩效结果价值的更好发挥，也促进绩效考核的综合平衡与可持续发展，为中小学校绩效赋能管理体系的完善提供了充足的借鉴案例。

（二）绩效考核指标体系、绩效考核结果与监管机制

在绩效考核指标体系上，当前事业单位绩效考核评价指标逐渐向定性与定量相结合、短期与长期政策相联系转变，更加注重考核的开放性，不仅对单位内部进行评级，还需要把服务单位或个人成果予以优化，建立一个更加系统化的评价框架。此外，绩效考核评价指标更加注重结合单位员工的实际情况，充分突显社会服务的特征①，更加重视员工的各种社会需求，激发内生动力，提高员工的工作绩效与积极性。

绩效考核结果更加具有可比性。组织建立健全绩效评价指标体系，合理设置评价指标，为提高绩效评价结果的公平性和客观性提供保障。事业单位建立健全绩效评价结果反馈机制，能根据具体的情况进一步完善和优化绩效评价系统，促进绩效考核结果价值的最大化发挥。

监管机制逐步完善。事业单位的绩效管理工作运行离不开系统的监管机制。管理者能根据实际状况，进一步完善绩效监管机制的可操作性，促进绩效管理的公平实施，组织内组建的监管分组也有助于扩大监管的范围，抓好绩效管理的落实与参与。

（三）现代中小学校绩效评价指标体系的建构

现代中小学开展绩效评价，旨在克服传统评价存在的问题，将现代人力资源管理绩效考评的理念和方法引入教育领域，对学校教育教学中表现出来的办学水平、学生素质、师资发展和某些方面工作成绩状况，进行以事实和

① 汪静如. 新时期事业单位绩效管理现状及优化策略分析 [J]. 质量与市场，2021（3）：25—26.

客观指标为依据的评价。但由于绩效评价主要引自现代企业的人力资源管理模式，在引进学校的管理机制过程中会有不适应的现象，需要在设计和实施过程中进一步完善改革机制，构建有利于持续发展、公平公正的激励性机制。① 学校可以通过加强绩效评价与学校发展目标的联系、完善教师评价的关键绩效指标和运用多重评价指标评价这三个方面，促进现代中小学绩效评价指标体系的完善。

教师绩效评价与学校的发展目标相联系。现代中小学的绩效评价体系中，教师的个人绩效与学校的发展总目标紧密相关，学校在制定发展目标的同时，也鼓励中小学教师结合自身的实际情况制定自身的职业发展目标，引导教师提高自身的职业素养与服务能力，促进学校整体竞争力的提升。学校通过运用绩效管理的方法激发教师的工作积极性，以绩效评价的结果作为报酬、晋升等决策的依据，促进教师与学校共生互促式发展。

完善教师评价的关键绩效指标。中小学教师的可量化工作内容主要体现在：教学工作量、发表论文数和教育教学成果几个方面。对中小学教师进行评价时，这几个关键绩效评价指标就表现为科研成果指标，需要每位教师参加一项及以上的科研课题，并在国家级、省级期刊上发表一定数量的论文。对教师完成教学工作量的评价上，应对完成的课程数量与质量较高的教师予以高评价。② 同时，受人力资本理论的影响，中小学学校绩效评价更加关注以人为本，兼顾国家利益、学生及家庭利益与教师利益等多方面，促进教师与相关各方相互协调，在参与绩效管理的过程中能有更多的获得感与幸福感。

运用多重评价指标评价工作绩效。结合教师自我评价、上级评价、同事评价与学生评价，通过多评价主体、多维度指标、显性评价与隐性评价相结合的方式，提高绩效评价的公平性与客观性，对教师工作绩效进行评价，应在全面收集、处理和分析评价材料的基础上，进行合理客观的判断，并让教师更多地参与其中，从而提高教师在绩效评价过程中的主体性。

---

① 陈国明. 基础教育学校绩效评价的误区及机制改造［J］. 宁波教育学院学报，2020（4）：61－66.

② 王亚丹. 应用型本科院校教师绩效评价现状与影响因素分析［J］. 当代经济，2016（13）：126－128.

三、我国绩效赋能管理体系的实践探索与困境

20世纪末以来，我国一直在尝试绩效评价实践探索与体系建设，绩效管理体系在国家与社会的共同努力下逐渐走向科学化、规范化与常态化。经过实践探索，我国学者将西方绩效理论结合实际情况进行融合与创新，为各组织及机构管理提供科学可行的绩效管理工具。当前，我国绩效管理仍存在一部分问题，例如绩效管理的理念相对落后，绩效管理体系与相关法律尚未健全等等，需要进一步健全。

（一）我国绩效管理发展的路径与实践探索

我国教师评价始于20世纪60年代，最初仅是研究教学工作评价，1990年代中期以后成为教育评价研究的重要内容。教师绩效评价是教育界在不断增加的外部压力下，最近20年才广泛开展起来的一项教育管理实践，体现在对教师实际工作表现和产出的反馈，评价目的是为了鉴定与筛选，评价结果与人员晋升、奖惩挂钩①。教师绩效评价将对教师的要求具体化、行为化和指标化，对影响教师工作质量的相关因素展开了研究与判断。绩效评价与教师的日常工作相联系起来，逐步完善了定量与定性评价相结合的教师绩效评价体系。

（二）绩效管理体系改革的动因与变化逻辑

我国义务教育学校绩效工资改革存在落实缓慢、财政保障机制不完善、

① 王彦杰，陈晓君．教师绩效管理理论来源综述［J］．现代教育科学（高教研究），2009（8）：55—57.

绩效考核指标缺乏个性化、分配不公等问题，这些给我国的绩效管理体系提出了一系列的挑战。针对这些问题，学者们开展了绩效管理改革的探索。

在绩效工资改革中，我国义务教育学校教师绩效工资改革的核心是设计出符合义务教育实际的绩效工资体系，注重教师知识和技能的持续提高。在改革学校绩效管理体系的过程中，管理者需要充分考虑教师的工作对象是学生，他们承担着教书育人的重任，其劳动具有复杂性、公益性、创造性、长期性的特点，因而，在对其进行绩效评估时必须考虑这些因素，建立符合教育行业特色的绩效评估指标体系，而不能一味照搬企业的绩效工资模式，只有这样，才能真正发挥绩效工资的激励作用和价值引导功能，实现我国义务教育学校绩效工资改革的政策初衷。① 因此，在实施绩效管理体系改革的探索中，研究者与管理实施者要把握好绩效管理的特点与我国中小学的实际情况，在充分了解绩效改革的变化规律的基础上进行绩效管理体系的改善。

（三）绩效管理体系发展面临的困境与挑战

教师绩效评价机制的发展，要求进一步完善教师绩效评价制度，对当前中小学绩效管理面临的问题提出了要求。虽然大部分学校已经建立一套规范的绩效评价体系，但教师评价本身所固有的技术问题没有得到很好的解决，导致教师专业发展的目标未能很好落实，教师绩效评价的整体目标不平衡。但教师的参与程度不够，大部分教师未能参与到绩效管理的全过程，对该制度的认识只停留在表层，容易导致形式主义的产生②，这对绩效评价的实施具有很大的阻碍，也给管理者转变和改善绩效管理体系提出了挑战。管理者需要吸取经验，注重与教师的平等沟通，在接下来的改革与实践中更加注重协调教师个人发展与学校发展的目标，为完善教师发展与绩效奖罚机制，保障教师的参与程度做出更多的尝试和探索。

---

① 张丽秀. 我国义务教育学校绩效工资改革若干问题探析［D］. 长春：吉林大学，2011.

② 连文达，林斯坦. 美英中小学教师绩效评价制度的比较与思考［J］. 天津市教科院学报，2012（6）：50—53.

第三节　绩效赋能的意义

绩效赋能是学校绩效管理的重要环节，体系建构的方向和思路不仅影响学校整体的发展道路，还将对学校治理体系的科学构建具有积极的促进作用，教师队伍建设目标的推进要求中小学具备科学合理的教师绩效评价体系，进而推动中小学向全面深化新时代教师队伍建设改革不断迈进。

一、中小学实施绩效赋能的必要性

绩效赋能体系是学校发展的内在动力，也是发展的关键环节和检验发展成绩的目标所在①，相对于过去的绩效考核制度来说，实施绩效赋能有利于调动广大教师参与管理的积极性，改善过去将教师评价制度跟晋级、加薪、解聘等奖罚制度相联系的局面。通过使教师评价法律化、制度化和规范化，为教师提供各种必要的支持与帮助，提升教师的教学能力和水平，进而促进学校办学效率与水平的提高②，更好地促进学生的成长与发展。

（一）绩效赋能理念更新的需要

绩效管理是以学校为基础，兼顾教师个人发展和学校管理的需要，将教

---

①　张亮．“双高”背景下高职院校重构教师绩效评价体系刍议［J］．现代职业教育，2021（10）：56－57．

②　连文达，林斯坦．美英中小学教师绩效评价制度的比较与思考［J］．天津市教科院学报，2012（06）：50－53．

师的工作绩效、教师的专业发展和学校管理进行有机整合起来，核心是通过为教师提供各种必要支持与帮助，改进教师的教学能力和水平，进而提高学校办学效率与水平，最终实现学生学业成就的提高。与传统的绩效考核理念相比，绩效赋能能够提高资金的使用效率，通过不断沟通与指导，评价与反馈，制定必要的改进或完善措施，从而增强教职工的团队凝聚力。① 根据这一标准，学校能通过自我评估来及时检查、发现、改进学校计划的执行落实情况，从而改善和提高学校绩效及管理水平。在教育中运用绩效评价可以指导学校合理配置教育资源②，提高教育质量和办学效益，实现学校的可持续发展。

（二）绩效评价机制完善的要求

过去的绩效评价机制存在一定的缺陷，在实践上容易出现权责不明、进度检查工作不到位等问题。近些年来，虽然我国各地区政府相关部门会对学校进行管理和评价，但由于学校处于被动管理的状态，还没有树立正确的绩效管理意识，也没有建立起高校的绩效考核体系，导致学校各项工作未能顺利地开展。实施绩效赋能体系有助于增进教师对绩效管理价值的理解，也为学校管理决策层面做出更加准确的决策提供便利，加强学校财务绩效管理，促进学校不断完善自身的财务分析体系，使财务失衡的状况得到更好的改善。③ 绩效评价机制的逐步完善需要绩效赋能理论的融合与实践，为实现更有序的管理体系提供良好的理论指导。

（三）传统绩效管理模式改革的需要

绩效评价体系是保障教学质量的重要因素，对教师的教学效果与学校的整体发展具有反馈作用。绩效赋能评价体系包括绩效目标、指标体系的内容、

---

① 童夙文. 成人教育学校绩效评价体系构建研究［D］. 杭州：浙江工业大学，2013.

② 马海红. 中学发展性绩效评价研究［D］. 宁波：宁波大学，2011.

③ 王砚. 论提高高校财务管理绩效的有效措施［J］. 经济师，2015（2）：147—148.

审核等内容。相对而言，传统的绩效管理模式缺乏明确的绩效目标与指标体系支撑，导致整体的编制目标不够清晰，指标体系不明确，影响绩效管理体系的实施效果①，不能适应现阶段中小学教育发展的需求，因此，绩效评价需要有更明确的绩效目标与指标体系的支持，在内容上应涵盖绩效评价、素质评价、职责评价等多个方面的内容，建立起体现人文关怀、多元主体、多样方式和分层次标准的评价体系，帮助学校着眼于整体的长远目标，将教师的基本个人利益与学校的发展紧密相连，从而实现社会责任与个体发展的良性融合。

（四）中小学管理发展趋势的要求

传统的中小学教育评价往往注重评价结果，忽略了评价主体的发展过程，具有一定的弊端。中小学组织管理发展的趋势要求构建一整套关于学校发展性绩效评价指标体系和运用的策略方法，为合理地评估和界定学校发展水平提供科学的评价工具。基于此，我国学者发现绩效评价手段具有明确的目的性和激励性，在教育中运用绩效评价可以指导学校合理配置教育资源，提高教育质量和办学效益，实现学校的可持续发展。② 构建科学的绩效赋能体系，有助于让学校更好地满足社会需求，充分发挥中小学的功能，提高学校管理效率，从而为社会提供更高质量的公共服务。因此，绩效评价是提升教育管理绩效的有效工具与必要手段，为提升学校资金使用的合理性、民主性与科学性提供参考，也为绩效管理体制改革提供驱动力③，有利于中小学适应组织管理趋势的发展。

（五）教师队伍建设的现实需要

《教师教育振兴行动计划（2018—2022）》中提到：教师队伍建设需要进

---

① 罗泽芸. L医院绩效管理体系改进研究［D］. 长沙：湖南大学，2018.

② 马海红. 中学发展性绩效评价研究［D］. 宁波：宁波大学，2011.

③ 廖逸儿. 论教育经费绩效评价的法制化［J］. 法治社会，2018（4）：20—28.

一步完善教师绩效评价，改善教师的待遇水平，提高教师的获得感与幸福感。其中，在“教师教育师资队伍优化行动”中，要求对教师教育师资的工作量计算、业绩考核等评价与管理，应充分体现教师教育工作特点。高校与中小学、高校与企业采取双向挂职、兼职等方式，建立教师教育师资共同体。①《教师教育振兴行动计划》对学校优化师资队伍的条件提出了一定的要求，在这种情况下，中小学实施绩效赋能评价，可以有效运用科学的评价方法与评价工具，对教师的工作能力与工作业绩进行定期与不定期相结合的考核；通过建立合理科学的奖罚机制，兼顾教师教学工作的结果评价与过程评价的同时，为教师的常态化研修与骨干队伍建设提供激励和保障。

二、中小学实施绩效赋能的作用和意义

中小学实施绩效赋能对教师、管理者和学生发展都具有一定的促进作用。好的绩效赋能体系能为学校提供岗位适配标准，帮助管理者判断教师的综合素质与能力；在工作过程中，绩效赋能体系能检验教师在一段时间内的工作水平、心理状态、职业能力等，为管理者提供具体的工作状况与能力做出合理的奖罚处理，并在实施的过程中有效调动教师的工作积极性，为教师的专业发展提供助力，从而在实践中促进绩效管理制度与理论研究的进一步完善与发展。

（一）有助于为员工岗位适配提供标准

在当今教师教育发展的大环境下，社会对教师的专业化要求逐渐提高，学校提供一套系统完整的绩效评价指标体系，所以做好岗位适配工作也显得

① 教育部，等. 教育部等五部门关于印发《教师教育振兴行动计划（2018－2022年）》的通知［EB/OL］. http://www.moe.gov.cn/srcsite/A10/s7034/201803/t20180323_331063.html.

更为重要。绩效赋能评价体系作为一种激励与监督的有效手段，可以帮助学校了解员工岗位的分配、调整、工作安排等，运用科学的绩效考核方式做出合理的规划。根据考核标准对员工个人的能力以及相匹配的工作内容和发展方向形成分析，在进行工作安排时能够更符合员工的预期，使他们可以在工作岗位上发挥出个人的能力。[①] 绩效评价指标的衡量，能帮助教师更好地了解自身的优势，并做好岗前的了解与初步适应，从而有效提高员工与岗位的适配度，促进教学效果提升与教师个人素质的更好发展。

（二）有助于提高员工的工作积极性

教师绩效评价体系对教师的工作积极性影响至关重要，优秀的绩效管理可以提高积极性，提升能力，完善管理。当前，除了岗位基本工资外，阶段性时间内的工作状态也成为薪资水平波动的主要影响因素。在这种情况下，若在工资待遇方面一成不变，无论工作年限长短、是否全勤或业绩好坏均获得同一水平的薪资，将极大打击员工积极性，难以激发员工的创造性与主动性。[②] 学校对员工的管理可以通过绩效赋能管理实现多劳多得，适当提高员工的工资待遇水平，让教师得到更好的保障；通过完善的绩效评价体系，结合多元主体意见制定评价指标，确保评价的全面性、客观性和有效性，让教师的工作得到公正的评价与认可，进而激发教师贡献力量与智慧，更好地提升其工作态度与能力。

（三）有利于引导专业人才培养的发展

在教师教育改革的进程中，优秀教师队伍建设与教育人才的专业化发展显得尤为关键，需要管理者对教师职业发展给予更多的关注和支持。绩效评

① 李庆志，李应霖. 绩效考核在事业单位人力资源管理中的意义分析［J］. 中文信息，2021（2）：98—99.

② 李茜. 绩效考核在事业单位人力资源管理中的意义分析［J］. 全国流通经济，2019（31）：96—97.

价体系对教师的专业发展具有良好的引导和激励作用，教师绩效评价体系既是学校对教师进行绩效评价的手段，也是学校促进教师发展的管理方式，不仅对过去的工作结果进行评定，而且更多地着眼于给教师未来的专业发展以指导。绩效考核的结果在为教师的晋升、奖惩等提供评判标准的同时，也为教师发展和职业规划提供参照，在学校绩效评价体系的科学运用下激发教师工作的热情、活力和动力，从而深度发挥其导向、引领和督促作用。① 绩效评价的结果促进教师专业发展的基础，管理者要通过绩效赋能引导教师不断寻求新的发展目标，而不是将绩效评价的结果作为奖罚机制与评判教师素质的唯一依据。

（四）有利于促进绩效管理制度的完善

制度确立的目的是确保绩效管理工作能够朝着制度化方向顺利有序地开展，绩效管理的重点就是绩效反馈机制。相较过去的绩效考核制度，绩效赋能理论为学校管理者提供更加全面的评价工具与评价指标依据，综合定量与定性评价，充分利用评价结果。同时，绩效目标的设立更加具有针对性、前瞻性和整体性，能促进绩效管理结果的有效运用。绩效赋能体系的管理机制是一个包括组织发展战略的制定、战略目标的分解与传递、绩效计划的制定、绩效评估、员工的激励等多个环节所组成的不断循环的过程。这个过程需要结合组织的实际状况，借助组织内部的文化等各方面进行联系与结合②，有助于促进学校绩效管理制度的完善，提升管理工作人员的综合素质与工作能力。

（五）有利于推动绩效管理相关理论方法的研究

绩效管理理论体系发展到现阶段，逐渐显现出理论的缺陷与不适应。随

---

① 宋梦赏．“双一流”建设背景下高校教师绩效评价的角色转变［J］．上海教育评估研究，2021（03）：21－25．

② 李海伦．ZG 建筑设计院有限公司绩效管理诊断研究［D］．广州：华南理工大学，2019．

着现代社会的不断发展，绩效管理理论体系研究者们也在跟踪研究并反思绩效评估手段的不足，并提出绩效管理的基本概念，在研究与实践中不断扩展和完善绩效管理体系的理论研究。国内研究者们从最开始引入国外经典绩效管理方法，到自主改进创新；从使用单一绩效管理工具，到融合使用多种不同的管理工具，在实践中不断总结经验，不断改进和创新，快速适应组织发展的特性。① 中小学绩效赋能的实施，将通过管理者与教职人员的相互作用，在实践中检验和发展绩效管理机制，帮助绩效管理理论体系积累更多的案例，为绩效管理理论研究拓展学校绩效管理的理论研究体系，促进绩效管理理论的不断发展与完善。

三、教师绩效评价体系的价值与工具理性

马克斯·韦伯将人的理性分为两种：价值理性和工具理性。价值理性强调行为的目的性，但不以功利为最高目的，肯定功利又超越功利。它不反对满足人的当下需要，但兼顾人的长远需要；它不反对个体的需要，但谋求个体与整体的和谐、共赢。工具理性则是指：行动只由动机驱使，行动者需要达到自己需要的预期目的，通过对外界事物的情况和其他人的举止的期待，并利用这种期待作为“条件”或者作为“手段”，以期实现自己合乎理性所争取和考虑的作为成果的目的。② 工具理性与价值理性都必须统一于社会大实践当中，工具理性要以价值理性的判断作为预设，价值理性的实现则需要工具理性的辅助，两者相辅相成③，反思过去的中小学教师绩效评价体系的价值与工具理性，有助于促进中小学未来绩效管理实施理念的定位与落实，以更好

① 严一凡. 基于积分制和目标责任制相结合的A公司绩效管理优化研究［D］. 南昌：南昌大学，2020.

② 马克斯·韦伯著. 经济与社会［M］. 林荣远，译. 北京：商务印书馆，1997.

③ 汪栅. 工具理性与价值理性的融合：农村成人教育的时代诉求［J］. 高等继续教育学报，2019（4）：23—29.

地实现工具理性与价值理性的融合，并为教学管理体系的完善提供动力。

（一）中小学教师绩效评价体系的价值理性

价值理性是在理性认识的基础上对价值及价值追求的自觉把握，能为工具理性提供精神指引。只有通过结合价值理性作出判断，让工具理性以此为导向，去决定需要采取的手段来行事，才能保证方向的合理性与正确性，这是价值理性对工具理性所提供的精神支持。因此，价值理性必须摆在主导位置，为工具理性做指导和批判，工具理性配合价值理性的判断付诸实践，两者的结合才能够达成人的本质力量的外化。① 价值理性是价值合理行动的内在依据，是行动者对于某种义务或某一种“事”的重要性的信念。在中小学教师绩效评价体系当中，价值理性主要体现在实施评价体系的初衷和理念上，管理者设计绩效评价目标主要是帮助教师更好地将个人价值与社会价值联系起来，实现与学生、学校相互促进，共同发展。

（二）中小学教师绩效评价体系的工具理性

价值理性的实现，必须以工具理性为前提。在过去的绩效评价体系当中，工具理性呈现出行动过度追求功利，产生工具主义异化的现象。行动者借助工具理性达到自己需要的预期目的，纯粹从效果最大化的角度考虑，而漠视人的情感和精神价值②，这样会导致绩效评价体系走向功利化、形式化，不利于组织的长期性发展。工具理性是价值理性的具体形式和载体，其核心问题在于价值理性追求应优先于工具理性，用合乎规律的方式驾驭工具理性，这样绩效评价作为管理工具，才不会与实施绩效评价管理的理念相背离。中小学绩效评价的工具理性体现在实施的形式和方式上，帮助管理者协调日常工

① 苏春雨. 价值理性与工具理性的分疏与整合——基于现代社会现象视角［J］. 现代交际，2019（18）：242－244.

② 毛劲歌，庞观清. 公共政策过程中政策主体的伦理建设途径研究［J］. 中国行政管理，2015（7）：117－120.

作秩序，并通过合理运用激励教师的工作积极性，在行动的实施上起着承载手段的作用。工具理性的科学运用有助于改善过度功利化的不良现象，更好地发挥绩效评价体系以人为本的管理与激励作用。

（三）绩效评价工具与价值理性的未来展望

过度偏重工具理性，会导致管理偏离其宗旨和目标；而如果单纯强调价值理性，忽视管理工具的应用，也会造成组织效率的损失。因此，在管理实践中，应以价值理性为基础，促进价值和工具的协同，建立以价值取向为基础的绩效管理架构，充分发挥工具管理的实效，从而逐步实现价值与工具的协同。价值理性与工具理性是紧密联系、不可分割的，管理者既要重视价值取向的行为方向的引导作用，又要发挥工具理性的作用，保证价值理性可持续、稳定地实现。① 新时代的中小学管理要充分关注人本价值，始终坚持以可持续发展作为管理的目标。在实施绩效赋能管理的过程中，要做到将工具理性与价值理性有机结合起来，为实现教师与学校的可持续发展，促进新时代教师队伍建设增添一份动力。

---

① 苏春雨. 价值理性与工具理性的分疏与整合——基于现代社会现象视角［J］. 现代交际，2019（18）：242—244.

第一章　绩效赋能与县域学校教师创新驱动发展的理论内涵

第一节　绩效赋能的基本内涵

当前，国内学术界已从多个维度对绩效管理的概念进行了探讨，积累形成了绩效管理体系的理论基础，并构建起相应的逻辑框架。但在绩效赋能方面，学术界尚未有系统的理论定义。同时，由于各流派学者的研究角度与研究目的不同，对绩效赋能相关定义的界定也有一定的差异，从教学管理角度下的绩效赋能定义也尚未统一明确，有待进行进一步的讨论与界定。

一、绩效赋能的内涵界定

在绩效管理思想发展脉络中，学者对绩效管理的认识也存在分歧，主要表现在三种观点：第一种认为绩效管理是管理员工绩效系统，即把绩效管理看作组织对于一个人工作成绩和发展潜力的评估和奖罚依据；第二种认为绩效管理是管理组织绩效系统，通过组织结构、技术事业系统和程序等来加以实施；第三种认为绩效管理是管理组织和员工绩效的综合系统。① 我国理论界多倾向于第一种观点，认为绩效管理是一系列以员工为中心的干预活动。绩效管理的最终目标是充分开发和利用每一个员工的创新资源来提高组织绩效②，从而实现员工与组织的共同发展。

---

① 何琪. 从绩效考核到绩效管理：人力资源管理理念的发展［J］. 社会科学论坛（学术研究卷），2007（04）：97－103.

② 付亚和，许玉林. 绩效管理［M］. 上海：复旦大学出版社，2003.

（一）绩效赋能的基本含义

绩效管理是一系列以员工为中心的干预活动，它旨在以更有效的绩效管理系统替代传统的单一的绩效考核。从制定绩效计划到对绩效进行考核和辅导，整个绩效管理系统强调了基于绩效目标的员工行为管理和组织的可持续发展。[①] 绩效是一种对组织具有效益、具有贡献的结果。无论长期、中期还是短期的结果与行为都是绩效管理关注的对象。然而，关于赋能的具体内涵，不同学科的学者众说纷纭，有的将其简单地解释为“赋予能力”或“决策权力的去中心化”，有的将赋能视为个体赋权的一种方式。在《牛津大辞典》中，“赋能”有两个释义：给（某人）做某事的权威或方法，使……成为可能；使（某种设备或系统）运作成功。[②] 由此可见，“赋能”并不是简单地赋予能力，而是激发行动主体自身的能力实现既定目标，也可以理解为为行动主体实现目标提供一种新的方法、路径和可能性。因此，“绩效赋能”可以定义为“通过应用绩效管理技术，形成一种新的方法、路径或可能性，来激发和强化行动主体自身的能力实现既定目标”。

（二）绩效赋能的评价维度

绩效评估中的计划、组织、沟通、激励、控制是组织管理的经典工具，对绩效评价的实施具有积极意义。[③] 以公共价值为基础的政府绩效治理理论提出：绩效来源于社会价值建构、绩效组织管理、协同领导系统。管理者可以通过提升员工对组织的信任与支持，从而促进绩效产出，这为绩效赋能提供了思路。学校管理指标的设计需要突出学校领导力和学校组织环境，教师教

① 关婷，薛澜，赵静．技术赋能的治理创新：基于中国环境领域的实践案例［J］．中国行政管理，2019（04）：58－65.

② 徐中奇，顾卫俊．绩效管理的内涵、意义与方法［J］．中国人力资源开发，2004（05）：59－61.

③ 何琪．绩效管理：走出绩效考核的困境［J］．上海行政学院学报，2007（1）：60－70.

学指标应突出教师核心素养和教师工作投入标准，学生发展指标应明确对学业标准提出要求，学校公共关系指标应突出家长参与和学校为社区服务。[①] 因此，结合学校的实际与绩效管理理论，绩效赋能评价维度的构建可以包括主维度的构建、任务维度与关联绩效的构建以及社会价值构建。

主维度的构建在员工绩效主维度的构建方面，重点参考博尔曼（Borman）等提出的二维模型，其中，任务绩效是与具体职务的工作内容密切相关的绩效，而关联绩效与职务工作没有直接关系，但对于组织的运作环境和长期发展具有重要影响。[②] ①任务绩效维度的构建：组织发展阶段、工作岗位性质等因素的影响，决定了管理者需要采取多元化的评价指标与维度，因此，在学校绩效评价中，根据工作成果、过程、教学任务的差异性，管理者可以分类设定相应的评价指标，将定性与定量评价相结合，重视员工在问题讨论中的参与和意见，逐步完善绩效评价指标体系。②关联绩效维度的构建：与任务绩效维度不同的是，关联绩效不支持组织本身的核心技术活动，但支持更为广泛的组织、社会和心理环境，易受员工个性等因素影响。它包括自愿行为、组织公民行为、亲组织行为、组织奉献精神及与特定任务无关的行为，如自愿承担额外工作，帮助同事，愿意拯救组织等。[③] 两种绩效维度的相互配合有助于促进绩效管理体系的运转与发展。

社会价值建构是指某一地区、范围、文化圈等成员，基于文化传统、生存环境、外在影响等，在发展中形成的价值认知体系和判断标准。该建构过程强调员工在问题讨论中的参与、对话和表达话语，是对民众参与治理过程的倡导，是一种公共治理。让不同成员在观点立场表达、对话协商、寻求共识的演变中，逐渐产生出社会价值和基本公共价值。[④] 在绩效赋能体系中加入社会价值的构建，不仅有助于学校社会责任的更好实现，也有助于提升员工

---

① 胡耀宗，金晨. 基础教育学校国际主要绩效指标比较研究［J］. 清华大学教育研究，2020（05）：20—27.

② 段磊. 员工个人绩效评价维度研究［J］. 企业管理，2014（4）：118—120.

③ 蔡翔，张光萍. 绩效结构理论的两次飞跃：关联绩效与适应性绩效［J］. 统计与决策，2008（8）：39—41.

④ 张有道，哈建军，马慧. 公共价值视角下“华创区”建设绩效评价维度［J］. 社科纵横，2017（3）：50—55.

的自我价值与社会价值，进而为发挥学校价值功能提供有效动力。

（三）县城教师绩效赋能的实施

义务教育教师绩效工资的实施，是我国教师收入分配制度的一次重大改革和调整。目前，义务教育教师绩效工资已经在我国广大中小学得到很好的实施。改革取得了明显的成效，解决了不少多年得不到解决的问题，得到了广大教职工的衷心拥护和支持。义务教育阶段教师绩效工资的实施充分调动了教师的工作热情和工作积极性、主动性，有力地促进了学校教育教学质量的提高。[①] 在此基础上，实施县城学校绩效赋能体系的改革将会更加有利。

当前，县城中小学的绩效管理制度的实施也存在着一定的问题，例如教师绩效责任分配不合理，缺乏民主；绩效考核的导向性不强；实施缺乏合理的反馈机制等问题，需要进行赋能革新与完善，提高教师在绩效管理方案制定中的参与度，确保方案设计科学、公平，从而更好地提高制度的激励效果与民主化程度。

二、绩效赋能的理论基础

绩效赋能作为绩效管理的新的延展，来源于绩效管理体系，而又有独特和创新之处，绩效赋能体系的构建离不开绩效管理理论与赋能理论的坚实基础，这也是绩效赋能理论创新与发展的基石与源泉。

---

① 范先佐，付卫东. 义务教育教师绩效工资改革：背景、成效、问题与对策——基于对中部 4 省 32 县（市）的调查［J］. 华中师范大学学报（人文社会科学版），2011（6）：128—137.

（一）基于金字塔模型的教师评价理论

基于各种评价理论构建起的教师评价内容体系也称为“金字塔模型”。教师评价理论是教师评价实践的基础，教师评价模型则对评价实践具有指导作用。国内外现有的教师评价理论众多，由于提出的时间与地区不同，评价重点存在很大的差异。其中，教师教学动机的研究表明，教师的职业认同、承诺、规划、价值观、效能感都会影响教师工作的积极性与投入程度，是教师从事教学的动力表现。① 基于此，绩效赋能体系要根据教师的基本素质按功能细分指标维度，结合教师绩效评价与教师效能评价的内容，关注教师在教学职责上的表现。同时，管理者要尊重个体的差异，充分结合个体特性与教师职业的特殊性，将教师评价内容体系建立成一个由成分、维度和指标构成的系统结构②，使绩效体系更发挥激发员工的工作积极性与创造性的功能。

（二）基于行为科学理论的绩效管理理论

行为科学思想对绩效评价系统的设计所产生的影响表现在：一是绩效分析系统可以反映出被评价组织工作的改善情况与工作人员的业绩密切相关；二是绩效分析指标和评价标准要具有可控性和激励性；三是要采用参与式的民主管理方式来制定评价标准；四是行为科学应用社会学、心理学知识研究如何改进人的行为来提高其工作效率。③ 行为科学的基本思想是把人视为“社会人”而不是“经济人”，认为管理应该由原来以“事”为中心的“监督”管理，发展为以“人”为中心的“人性的激发”管理，由“独裁式”的管理发

---

① 申继亮，孙炳海．教师评价内容体系之重建［J］．华东师范大学学报（教育科学版），2008（2）：38—43.

② J. H. Stonge，P. D. Tucker（2003）. *Handbook on Teacher Evaluation—Assessing and Improving Performance*. NY：l. archmont，pp．12—22.

③ 蒲筱哥．数字资源使用绩效评价的理论基础研究回顾［J］．图书与情报，2015（6）：113—118.

展为“民主参与式”的管理。① 该理论从心理学和社会学方面切入研究影响人的动机与工作效率的因素，通过注重“行为”与“结果”在绩效评价中的运用，更好地指导绩效管理方案的开展。

（三）基于治理结构的三角框架理论

中小学学校的治理在于明晰学校由谁来治理、治理的对象是什么以及如何治理这三大问题上，可以借鉴主要应用于高等教育领域的三角框架，这对于分析探讨中小学学校治理的模式具有同样的指导意义。一方面，利用三角框架有助于明确中小学学校治理的改革思路与关键环节，了解中小学学校自身的治理模式；另一方面，利用该框架还有助于分析当前学校治理现代化的实施现状，以及随着教育改革的不断深化动态调整治理主体、治理客体和治理机制的逻辑关系，使其更加适应当前教育的高速发展。② 在此基础上实施绩效赋能理论，有助于促进多元主体的参与，实现多渠道、多方面的数据管理模式，从而逐步优化学校资源的配置，促进执行效率的有效提高，使绩效管理体系的实施惠及学生、教师与学校。

三、绩效赋能的内在逻辑

党的十一届三中全会以来，我国的教育改革不断深化，为教育事业的发展提供了强大的动力。随着社会转型的推进，教育改革也面临着较多的问题，其中，公平、效率问题是我们研究相关问题的关键起点。

---

① 张双．绩效管理理论溯源［J］．商场现代化，2007（01）：184－185．

② 顾佳妮，杨现民，郑旭东，郭利明．数据驱动学校治理现代化的逻辑框架与实践探索［J］．现代远程教育研究，2020（05）：25－34．

（一）中小学绩效赋能体系的逻辑框架

从目标管理理论的角度来看，绩效赋能体系的构建以目标管理为基础，以发展的结果为导向，有着完整的逻辑关系，因而采用逻辑框架进行构建更能反映目标与各影响要素之间的逻辑关系。其中，逻辑框架中的垂直逻辑由目标、目的与作用、产出、投入等四个层次组成。① 中小学绩效赋能逻辑框架的因果关系包括：目标是绩效管理实现结构与功能的优化；目的是教师工作效率的提高与教学效果的改善；产出是绩效赋能系统的逐步完善，教学任务完成与教学质量符合要求；投入是资金、人员进行监督和管理。四个层次形成因果的逻辑关系，相互影响，促进绩效赋能各要素的优化，从而推动体系整体功能的提升，从而更好地实现员工工作效率与教学质量提升的目的。

（二）中小学绩效赋能体系的内在要求

推进绩效赋能体系的核心在于提升绩效管理水平，增强单位的支出责任，优化资源的配置，从而提高整体的教学质量水平。为此，实施绩效赋能管理需满足以下要求。

提高资金运用效率，优化资源配置。在实施绩效赋能的过程中，管理者要统筹把握，结合组织从投入、产出和效果 3 个方面对员工绩效进行评价的经验，根据学校的实际情况开展评价指标设计。绩效管理的关键在于设计与提炼出具有横向可比性与纵向衔接性的绩效指标，这不仅是开展预算绩效管理的前提，也是绩效管理技术改进的内在要求。② 指标体系完善的绩效赋能不仅有助于获取更有效的绩效结果，也有助于促进绩效评价体系的完善，从而更好地实现员工与学校的协调发展。

---

① 欧阳玉蓉，戴娟娟，吴耀建，方婧，赖敏，蔡灵，吴霖. 海洋生态修复项目绩效评估指标体系研究［J］. 应用海洋学学报，2021（01）：91—99.

② 马蔡琛，陈蕾宇. 论预算绩效指标框架的构建——基于内外部评价主体视角［J］. 云南社会科学，2019（01）：107—113.

保证绩效赋能外在表现的全面性。表现是指显现出来的绩效，包括微观、中观绩效和短期绩效等，长期绩效和过程绩效较少能显现，因此要科学合理地实施绩效，保证绩效评价内在品质与外在表现的统一。[①] 其中，短期和微观绩效主要考察教学质量，考察员工的教学成果与能力；中观绩效则强调团队的整体评价，考察学校资源配置的有效性。相对来说，长期绩效与过程绩效更注重员工绩效的内在品质。长期绩效考核包括教学人才的培养与教师队伍的建设，过程绩效关注非确定指标的过程表现，没有具体的定量评价标准与目标指向。绩效赋能要综合短期与长期，结果与过程的评价，在此基础上，逐步实现绩效赋能过程与结果相统一，从而保证绩效评价的客观性与全面性。

（三）中小学绩效赋能体系的实施原则

绩效考核是一种正式的员工评估制度，它通过系统的方法、原理来评定和测量员工在职务上的工作行为和工作效果，它是管理者与员工之间进行管理沟通的一项重要活动。其最终目的是改善员工的工作表现，在实现组织目标的同时，提高员工的满意程度和未来的成就感，最终达到学生、教师与学校的共同发展。[②] 为确保绩效赋能体系目标的落实，学校在具体实施的过程中要遵循以下的原则。

规范实施，确保过程的科学性。在实施绩效赋能的过程中，要确保考核要素含义明确，计算方法的规范与度量方法的标准。绩效赋能的考核要素需遵循易理解、通用性强、基础数据易收集的原则，能够用于统计、研究和分析，同时还须考虑与历史资料的可比性等关键问题。[③] 数据的收集与统计要切合学校的实际情况，考虑教师的个性差异，适当简化评价指标的内容与执行的程序，从而有效提高评价指标的操作性。

覆盖全面，突出重点内容指标。在宏观层面上，考核体系覆盖面要广，

---

① 郭嘉，罗玲玲. 公共研发绩效评价的内在要求［J］. 中国科技论坛，2017（3）：19－26.

② 于芳. 绩效考核指标的制定原则［J］. 现代情报，2003（1）：150－151.

③ 财政部统计司. 企业绩效评价工作指南［M］. 北京：经济科学出版社，2002.

要能够全面、综合地反映学校固定资产的绩效水平，选取考核要素时应考虑要素对固定资产绩效影响的重要性，即按照指标对固定资产绩效的贡献程度来进行取舍，严格区分主次，突出能直接反映学校固定资产绩效的要素。① 在微观层面上，考核的指标体系要综合教师胜任力、教师效能评价等多方面因素，把重点放在教师的整体教学效果、工作态度与投入上，综合考虑绩效结果与过程评价。

多维评价，提高评价结果的有效性。绩效评价结果用于工资发放、职务晋升、奖惩等的同时，更应反馈给被评者，要充分保证绩效评价的公平性与科学性，就需要多维度、多元化的评价手段与评价主体的参与。当前的教师绩效评价内容几乎涵盖了有关教师教育教学工作的方方面面，包括师德、专业知识、教学态度、能力及效果、科研成果、班主任工作等，全方位、多角度、深层次挖掘与教师有关的评价内容，这不仅有利于顺利开展评价工作，更有利于教师的专业发展。② 在绩效评价方法上，更是有不同时长阶段、不同绩效工具的选择，管理者要结合实际情况灵活地选择运用，本着实现教师专业化发展、学生全面发展与学校的更好发展的初衷展开绩效评价活动，切实提高评价结果的有效性。

第二节　绩效赋能的主要特点

当前我国的县城中小学正处于改革与发展的阶段，学校需要继续扩大规模，增强学校影响力，逐步提高办学的层次。中小学承担着基础教育人才培养的重任，社会对中小学教育提出了更高的要求，增加了学校管理与评价的难度，基础教育绩效评价体系改革的重要性日益突显。

① 张颖，王杰，梁勇. 高校固定资产管理绩效考核的原则和指标分析［J］. 实验技术与管理，2014（7）：232－234.

② 陈杰. 中小学教师绩效评价指标研究［D］. 石家庄：河北师范大学，2011.

一、绩效赋能发展演进的主要特点

近年来兴起的绩效赋能体系为绩效改革提供了关于机构内部的新的思考，使绩效更加关注活动过程与目标的落实。经过学者反复研究与试验，绩效赋能在发展的过程中逐渐规范化、制度化。其中，绩效赋能的演进主要呈现在绩效指标、绩效对象与绩效考察方法三个方面的转变。

（一）绩效指标范围从固定式向多元化拓展

学校绩效评价的内在目的是促进学校资源配置的优化，引导学校关注绩效，重视一定投入条件下的产出成果。对教育评价存在合理性的思考，尤其是当学校绩效评价以一种“投入—产出”的计量方式出现的时候，这种将企业使用的、经济学概念的绩效评价用于学校评价的做法是否合理，更加受到质疑。中小学学校是一个复杂的、多样化的体系，要对这些学校逐一进行标准分类，本身就是一项复杂困难的工作，更何况是分类的评价。教育产出量化的难度较大，尤其是那些无形的投入与产出。[①] 根据这一特点，研究学者们也逐渐开始将学校绩效指标细化分类，通过结合实践经验，使其更加符合中小学学校的管理体系情况，帮助绩效管理更好地为实现绩效赋能目标服务。绩效指标的范围在学者们与学校实践的推动下逐渐向多元化拓展，同时，这一变化也促进了绩效管理理论体系的丰富与完善。

（二）绩效对象从面向企业向多种类型组织转化

在引进国外绩效考核理论的初始阶段，绩效理论主要应用于企业管理当

---

① 张男星，王春春，姜朝晖. 高校绩效评价：实践探索的理论思考 [J]. 教育研究，2015（6）：19—28.

中，在推行和实验的过程中，绩效理论得到了检验和初步的推广，国内其他事业单位和组织也开始注重构建绩效管理体系和运用绩效管理工具。从单独使用某一绩效管理工具到逐步融合使用不同的绩效工具，并且引用其他领域的研究工具用于绩效管理之中，提升绩效管理体系设计的有效性，丰富了绩效管理体系的设计方法。① 绩效管理理论发展到当今，已经广泛应用于企业、学校、医院等不同类型的组织和机构，为社会的正常运行与发展发挥着自身的工具性作用，为现代组织管理和评价提供了重要的手段和途径，在企业中实行的绩效考核理论体系通过结合组织特点与实际情况，逐步得到完善和更新，使其能运用于不同性质的管理当中，为现代社会创造更大价值提供工具与手段。

（三）绩效考察方法从非制度化向制度化转变

绩效管理方法经历了非制度化到制度化的演变。在制度化绩效管理阶段，它又经历了从传统的重点突出评价功能的绩效管理方法，到现代的全面关注整个流程的系统化绩效管理方法的进化，即全面兼顾绩效计划、实施、沟通、评估、结果应用等管理环节。与此同时，绩效管理在理念上经历了从单纯实施激励促进绩效，到强化执行力，再到提高核心竞争力的跃升。但是，无论何种方法，其核心都是对组织或个人绩效的管理控制，其本质是对绩效信息的获取、分析和应用过程，都应遵循管理控制的一般规律。② 因此，绩效考核的实施对系统化制度的要求也逐步提高，促进了绩效考察方法在实践中逐渐从松散向系统化、制度化转变，绩效赋能体系变得更加完善规范，绩效理论的适用性也更为广泛，有效促进了绩效赋能的发展。

---

① 崔健，李晓宁，杜鹏翾. 企业绩效管理体系国内研究述评：2002—2017［J］. 会计之友，2019（3）：41－45.

② 张双. 绩效管理理论溯源［J］. 商场现代化，2007（01）：184－185.

二、不同阶段环境下绩效赋能的特点呈现

在绩效包括的组织绩效和员工个体绩效两个层面中，我们侧重讨论的是员工个体层面的绩效。自20世纪末期以来，我国组织绩效管理的发展历程可以大致分为三个阶段：绩效考核理论阶段、360度反馈评估阶段与战略绩效管理阶段。在绩效赋能历经的这三个阶段中，绩效赋能也会呈现出不同的特点。

（一）绩效考核理论阶段的主要变化与特点

因为传统的绩效评估对于提高员工的满意度和绩效的作用非常有限，对完成组织目标的作用不大，所以促进了绩效考核理论阶段的进一步发展。在实施考核的过程中，绩效管理主要呈现了以下的变化与特点。

重视目标的设定。学者尼科尔斯（Nickols）认为，绩效管理必须设定目标，目标必须为管理者和员工双方所认同；测量员工是否成功达到目标的尺度必须被清晰地表述出来；目标本身应该是灵活的，应该足够反映经济和工作场所环境的变化；员工应该把管理者不仅仅当作评价者，而应该当作是指导者，帮助他们达到成功。①

实施定期考核制度。在绩效考核理论阶段，管理者注重阶段性任务的布置，主要通过一年一次或半年一次的考核方式，对员工的阶段性绩效评价和反馈，通过考核与评价，获取相对客观和科学的考核依据，对工作表现进行复盘的同时也帮助员工得到较为全面的客观反馈。

---

① William F. Treacy and Mark Carey, Credit risk rating systems at large US banks. *Journal of Banking and Finance*, 2000 1～2, 167－201.

（二）360 度反馈评估阶段的主要变化与特点

360 度反馈评估是“发展性”评价观的具体化，尽管学校在区分度上构建“教师专业发展 360 度校本评估模型”还有进一步优化的空间，但是这种评价方式在总体上已经能客观公正、科学长效地评估教师专业发展现状，并很好地运用于基层学校“一事多用”的校本管理当中。因此，360 度绩效反馈评估体现了评价角色不清的矫正、内容结构的合理化、评价理论与技术的优化等价值①，相对于其他绩效方式，它体现了以下的优势特点。

着眼于发展性的目标。教师专业发展 360 度校本评估具有明显的“功利化”和“本土化”特征。也恰如教师效能增值性评价能较好地区分不同绩效的教师②，这种评价方式在总体上已经能客观公正、科学长效地评估教师专业发展现状，并体现在基层学校校本管理的“一事多用”的应用中，在促进学校发展的同时，有助于帮助教师实现专业化发展。

多维度的评估方式。360 度绩效评估不同于自上而下，由上级主管考评下属的传统方式，而是以结构化的方式给予个人反馈的一种独特方式，通常通过调查问卷的形式进行。360 度绩效评估通常包括有关员工个人的工作能力、素质、工作风格与工作态度的全面总结③，能为管理者提供多种评估维度。

充分尊重人的个性需要。360 度反馈评估注重“以人为木”，充分引导和发挥人的主观能动性，把最合适的人安排在最合适的位置上，让员工能充分地在合适的岗位上发挥自己的最大价值；同时，全面系统的评价方式还能帮助教职工获得客观的评估反馈，从而更好地促进自身的发展。

---

① 姜庆军，曹慧．“教师专业发展 360 度校本评估”的实践研究［J］．江苏教育研究，2018（Z）：46－50．

② 张雅楠，杜屏．增值评价在美国教师评价中的运用和发展［J］．全球教育展望，2017（1）：67－78．

③ 王珊．360 度绩效评估在高校绩效管理中的应用［J］．重庆职业技术学院学报，2006（04）：25－27．

（三）战略绩效管理阶段的主要变化与特点

战略绩效管理是通过将组织内部各部门、单位乃至个人的目标同企业整体战略目标相结合，挖掘组织内部各部分的潜力，于并统一协调内部的行为，从而实现战略目标的一个循环往复的动态管理过程。① 国内对战略绩效管理的运用相对较晚，对该理论的运用主要在绩效评价上。

战略绩效管理的突出特点在于始终以组织的战略为牵引，包含着系统的指标分解、指标监控、指标考量与检讨体系。在最初的企业绩效实施中，战略绩效管理系统具有以下特征：一是关注长期战略目标，长期目标作为一种牵引力将绩效管理导向正确的方向；二是关注全方位目标，这是整个战略性绩效管理系统的基础；三是将战略目标层层分解到各个部门，最终落实到各岗位的每个员工；四是强调过程与结果并重；五是重大决策必须考虑到绩效的实现程度战略制定和量化。② 在这个过程中，战略绩效管理始终以组织的长远发展为中心点。

战略绩效管理注重理论与实际的融合。一方面，战略绩效管理要求依据组织的长远战略建立科学规范的、适合组织长远发展的绩效管理体系；另一方面，要依据绩效管理理论，根据组织运营的特点，建立合适的个人绩效管理体系和团队绩效管理体系，通过绩效评价对员工的个人价值进行分配。③ 整合组织文化、战略与战略目标，能促进个人目标与组织目标的有效融合，在理论与实践的磨合中促进个人与组织的共同发展。

---

① 李春瑜，刘玉琳. 战略绩效管理工具及其整合 [J]. 会计之友，2005 (07)：26—27.

② 吴绍棠，龙玎，夏天. 绩效管理的变革与创新研究 [J]. 湖北经济学院学报，2014 (01)：83—88.

③ 谢强华. RAD绩效的度量与评价 [J]. 科研管理，2018 (05)：79—80.

三、事业单位中绩效赋能的特点呈现

绩效赋能在具体实施到事业单位当中时，会呈现出与企业等组织相异的特点。

（一）组织绩效的多维性

绩效存在于组织之中，与组织的层次保持一致。员工的工作绩效由多个方面及维度构成。管理者要全面反映工作绩效的内容，就必须注意绩效评价的多维性。在个人绩效维度，划分时既要考虑员工工作方面的内容，如工作数量、工作质量、工作时间等，又要关注员工个人方面的内容，如员工个性、员工态度等。对组织绩效的划分，主要根据现实中面临的实际情况，结合组织目标、组织结构等明确组织绩效。① 同时，在指标的设定上也要注意结合实际情况做好及时的调整，使评价体系更客观科学适用于全体成员。

（二）影响因素的多因性

绩效会受到多种因素的影响。学者将其归类为个人因素、工作因素、组织因素三个方面。其中，个人因素包括个性、态度与能力等。组织绩效的影响因素包括激励因素、组织文化、群体压力与绩效考评等因素，尤以激励因素、组织文化起着关键的作用。工作因素包括任务、工作方法、工作环境、机会等因素。明确的目标、任务，流畅的工作流程，最优的工作协调，配备

① 李业隆，武晓红．浅析高校图书馆工作人员绩效特点［J］．内蒙古科技与经济，2020（3）：106－107．

优良的物资条件和设备等，都能促进员工工作绩效的提高。[①] 正是这三方面相对独立的因素相互影响、相互作用，最终产生了现实的员工工作绩效。在众多影响因素当中，外因起条件作用，内因则是关键。每一个教师是否安心在学校工作，能否调动自身的积极性投入教研工作，能否以坚韧的意志克服各种困难，为实现学校的总体目标努力奋斗，这三类影响因素是关键。

（三）教师绩效评价的复杂性

教师绩效具有复杂性，一般难以得到及时有效的监控。学者 Springer 与 Gardner 指出绩效工资失败的原因在于，学校绩效管理体系缺乏有效的绩效监控和学生学习测量[②]，这种评价的复杂性体现在：一方面，教师工作复杂且影响效果具有滞后性，对其绩效的测量和评估较难；此外，学生成绩作为教育产出的重要指标，受到家庭、学校、同伴和教师等多方面的影响。另一方面，教师绩效评估在实施过程中简单化、功利化倾向。为了便于评估，政策实施者在绩效评估过程中提倡量化主导，以显性指标考核为主，由此便产生了一些缺乏效率的考核指标，如教学课时、日常考勤这类考核指标在绩效工资中的占比，是教师绩效评价标准难以客观全面定量考察的。传统单一工资制的弊端在于因不能奖优而带来的不公平和效率低下，不仅不能很好地处理绩效评价体系的复杂性，在绩效工资制实施结果上也难以完全体现公平[③]，需要我们进行进一步的改革。

---

① 吴湘萍，徐福缘，周勇. 高校教师工作绩效的影响因素分析［J］. 华东师范大学学报（教育科学版），2006（1）：30－37.

② Springer M，Gardner C D. Teacher performance pay：A Review. *Journal of School Leadership*，2010（3）：265－289.

③ 杜屏，张言平，史骐华. 国际上中小学教师绩效工资实施的效果、争议及对我国的启示［J］. 教师发展研究，2019（1）：111－119.

（四）个人绩效与团队合作的冲突

绩效工资制度从两个方面影响教师队伍的团队合作：一方面，教师与领导之间的关系。领导在绩效标准的制定、实施和资金落实中都起着重要作用，难免会与教师产生一定的冲突，导致教师对领导的不满。[①] 另一方面，是教师与教师之间的关系。教师绩效评价会增加同事之间的竞争，也会产生一定的冲突，不利于教师之间的和谐关系。因此，绩效管理的评价奖优制度会影响员工之间的竞争关系，需要管理者合理使用并作及时的调整，在努力营造良性竞争氛围的同时，也要注意提高员工的团队凝聚力，帮助员工在绩效环境下形成正确的竞争与合作意识，在相互促进中逐渐创造出更多的价值。

四、深化落实绩效改革需要注意的几个问题

随着我国经济管理体制的完善，县城中小学实施基本工资制度已经不能很好地适应现代经济社会的发展，影响了学校的进一步运行与发展，绩效考核制度的改革变得尤为迫切。各中小学在落实绩效改革任务的过程中，需要重视以下几个方面的问题。

（一）完善绩效宣传，提高员工的知晓率

在实施绩效管理的初期，管理者不够重视绩效管理制度的宣传工作，导致许多员工不了解组织绩效管理的一系列流程，上下级沟通不畅，员工知晓率低，对管理制度的认识模棱两可，并未深入理解绩效管理的重要意义。组

① Mark Gius. The effect of merit pay on teacher job satisfaction. *Applied Economics*, 2013 (33): 4443－4451.

织虽然在绩效管理中开始了绩效考核和以绩效为基础的奖励，但绩效管理的总体实施水平不高，管理者意识到了业绩目标设定的重要性，但在业绩目标设定过程中，管理者未能很好地征求员工的意见，多劳多得未能充分体现，员工的整体满意度不高。① 因此，在未来的县城中小学绩效管理当中，需要做好绩效宣传工作，提高员工的知晓率，帮助员工树立正确的绩效认识，从而更好地通过绩效提高自身的积极性与创造力，创造出更多的教学价值。

（二）关注绩效目标，增强实施的可行性

在过去的绩效管理实施中，部分组织出现了工资项目过多、秩序不齐、补贴标准各不相同的问题，这些问题将会影响建立工资系统的效率，需要有效规范的标准作为引导。针对该问题，管理者要关注绩效的目标设定，规定不同岗位的工资项目的名称和标准，通过讨论与不断修正，逐步建立职工工资收入报告和执行方案，结合监督机制协助组织按规定执行工资标准。② 在制定绩效指标的过程中，管理者要注重集智，通过多元主体参与商讨与修订，结合绩效理论与学校实际情况，促进指标科学性与可行性的有效提高，使绩效管理体系更好地发挥其工具作用，为学校的运行与发展增添助力。

（三）丰富考核指标，完善绩效激励体系

比起一般的企业而言，学校具有更加突出公益性的特征，因此管理者在经营的过程中不仅要考虑经营效益，更要考虑制定绩效激励机制能否促进组织的社会性的发挥。组织方面必须合理地分配有关的考核指标，并且根据学校在未来一段时间内的实际发展目标，调整激励机制中的一系列策略。同时，不一样的工作岗位的工作难度有所不同，其承担的工作责任也有所不同，因此人力资源管理部门应该根据岗位的实际情况调整绩效考核标准。同时，管

---

① 刘东利. 新医改下医院绩效改革的思考［J］. 财会学习，2018（30）：171－172.

② 刘欣. 事业单位工资绩效改革的研究［J］. 中国民商，2020（10）：277.

理者必须尽快地建立教学质量监督体系①，帮助教师获取更科学合理的反馈结果，在绩效结果当中吸取经验，从而帮助教师实现自身的专业化发展与提升，为促进学生与学校的发展添砖加瓦，最终有助于学生、教师与学校三方的可持续发展。

第三节　绩效赋能的功能定位

组织发展和员工发展是现代人力资源管理的功能定位，更是人力资源管理的未来发展趋势。现代社会越来越多的组织注重以人为本的管理理念，绩效赋能体系的功能定位与建设方向也逐渐被赋予新的内涵。作为现代人力资源管理的重要内容之一，绩效管理的基本目标就是确保人力资源管理基本功能的实现，既要促进组织发展，又要促进员工个人发展。② 为此，研究者对绩效赋能的目标体系建设与功能定位的影响因素展开了深入讨论，这也为县城中小学绩效赋能体系的建设与改革提供了理论指导与经验借鉴。

一、绩效赋能的功能定位和目标体系

人才培养与社会服务是中小学的主要职能，绩效管理是学校实现战略目标的重要工具，绩效管理目标的实现需要高层领导持续有力的推动，需要所有成员达成共识并围绕战略实现协同化，需要科学系统的设计和规范严谨的操作，建立科学有效的绩效管理体系。因此，充分发挥绩效管理的杠杆作用，

① 刘丛. 试论医院绩效改革与员工激励机制［J］. 中国市场，2019（21）：174—175.

② 郭庆松. 试论绩效管理的战略管理功能［J］. 中国人力资源开发，2008（10）：94—96.

是推动组织实现动态平衡的必然选择。① 不同组织具有不同的功能，这是它们得以存在的基础，同时，它们以不同的功能定位，共同构成了自身管理的运营体系。随着教育现代化的发展与教师教育改革的推进，学校绩效考核指标的功能定位也将顺应自身发展逻辑的方向转变。

（一）绩效考核指标体系设计的功能定位

绩效评价的依据是工作职责和职业规范，这些内容被称为工作描述（job description），是关于某一个或一类岗位工作职责、责任划分、汇报关系、工作条件、监督责任的罗列。② 绩效评价是有目的功能活动，评价动因决定评价功能定位，所谓功能定位，即在评价功能细分的基础上明确核心功能，也就是优势及异质功能，确定其主体地位。绩效管理考核指标的设计基于组织管理的定位与核心理念，围绕组织的核心职能开展，评价与组织管理相依相存，但绩效评价有着深刻的社会背景和自身逻辑，它构建于组织内部，同时超越内部上下关系。③ 与其他组织不同，学校的运营以社会服务为核心，它的总体发展预示着我国基础教育管理的发展方向，影响着绩效赋能的功能定位理念。

当前，学校绩效考核指标功能定位主要体现在两个方面。其一，服务于教师教育改革与发展。学校人才培养绩效评估服务于学校教育教学改革发展。一方面，中小学校领导可以依据评估的结果，全面、准确、清晰地了解教学质量的现状，为学校后续人才培养政策制定提供借鉴与参考；另一方面，评估可以为学校教育教学改革提供依据，使学校在人才培养过程中不断完善教育教学活动。④ 其二，促进学生、教师与学校整体发展。从本源来讲，评估是

---

① 廖仲达．责任中心视角下高职院校教学部门绩效管理体系设计［J］．山东农业工程学院学报，2015（08）：140－141．

② Gary Dessler．*Human Resource Management*．Prentice-Hall Intenational，Inc．—1997：83．

③ 郑方辉，刘畅．国家治理绩效：概念内涵与评价维度——兼议新冠肺炎抗疫中的国家治理体系和治理能力［J］．理论探讨，2020（3）：14－21．

④ 张建祥．高等学校人才培养绩效评估的内涵与本质特征［J］．教育研究，2018（3）：55－61．

衡量学校办学质量与水平的重要杠杆，主要起着协调、平衡、引导、促进、激励、控制、惩罚、奖励等功能。[①] 中小学校绩效评估服务于帮助管理者制定常规的人力资源决策外，还可以用来确定培训和开发的需要，并向员工提供关于本组织如何看待其工作绩效的反馈[②]。员工根据绩效评估的结果能够更好地找到提升自身专业水平的方向，更有利于学生在学校的发展中得到成长，从而逐步促进学校的办学质量的提高。

（二）绩效赋能管理目标体系的设计理念

绩效管理具有前瞻性，属于管理的系统工程，有事前策划、沟通和事后反馈及改进等。绩效管理的目标是从组织的整体战略目标出发，以提升组织总体绩效为目的。[③] 学校绩效管理的目的是，通过评价的手段，使教师对其教学工作和过程进行有效反思，改进教学方法，提高教学水平，促进教师专业发展，同时使学生受到更优质的教育。然而，在实施的过程中，学校对评价体系功能定位的偏差，使得本该作为一种手段而存在的奖惩成为教师教学评价的目的。[④] 教师绩效管理的目标定位要走出缺乏导向性、势利化、缺乏内涵的困局，就要对症下药，明确管理目标体系建设的核心，并围绕核心展开设计。

首先，教师绩效管理的目标定位要精准。教师绩效考核的目标要与学校的发展规划相契合，与实践教育中出现的问题接轨[⑤]，关注教师的专业化发展与职业素养的提高。绩效管理的目标体系要与学校的发展战略相契合，结合

① 祁占勇. 高等教育评估权的行政法透视［J］. 高等教育研究，2017（3）：18－24.

② 郑海. 刑事案件侦查中“发现人”与“证明事”的融合［J］. 中国人民公安大学学报（社会科学版），2016（5）：80－88.

③ 罗盛勇. 宝莲华公司基于平衡计分卡的绩效管理研究［D］. 贵阳：贵州大学，2015.

④ 王建伟. 学校现行教师教学绩效评价体系存在的问题分析——以西部某普通本科学校为例［J］. 卷宗，2020（19）：240－241.

⑤ 张萍，李晓慧. 教师绩效考核的目标定位和考核方法［J］. 教学与管理，2019（15）：46－48.

学校与师生的实际情况，将学校发展目标有效落实到绩效管理目标体系当中，从而更好地发挥绩效赋能对学校发展的作用。良好的绩效目标引导，促进教师关注自身存在的不足，为教师的专业化发展与成长提供绩效依据。

其次，建立一个更加公平合理的绩效考核体系。在组织的绩效考核当中，不论员工岗位的高低，面对考核都要一视同仁，这对公平工作环境的建立有着非常积极的意义。领导和普通员工都要严格地遵守规范和原则，在管理层，也要制定一个公正合理的考核制度，以区分领导工作和普通员工工作内容存在的一些差异，在考核标准上也要有一些区分，而在考核的过程中更加重视管理层日常的工作质量。① 在深入理解绩效赋能的功能定位与目标设计理念后，管理者将会更加明确所需的工具性质，从而更好地构建和实施整个绩效体系。

（三）绩效赋能功能定位与目标的构建方向

绩效管理是通过对组织战略的建立、目标分解、业绩评价，并将绩效成绩用于日常管理的活动中，以激励员工业绩持续改进并最终实现组织战略以及目标的一种正式管理活动。是将组织的和个人的目标联系或整合，以获得组织效率的一种过程，绩效管理主要以绩效产出来衡量员工的绩效水平，而不仅是能力与行为表现。在构建功能定位与目标体系的总体方向时，管理者可以从以下几个方面进行考虑。

激励员工提升自身的积极性。绩效管理的激励功能是关键性的功能，一个完善的绩效管理体系能够很大程度上促进员工工作积极性的发挥，使其收获更多的成就感与幸福感，促进自身价值的实现，为员工的成长与发展创设良好的环境氛围。

促进上下级的交流反馈。好的绩效管理体系能够实现管理者与员工的双向互动，通过绩效目标体系为员工呈现管理者的要求，也为管理者提供获取

---

① 盛运华，赵宏中. 绩效管理作用及绩效考核体系研究［J］. 武汉理工大学学报，2002（2）：92—94，98.

教学效果等绩效反馈，为上下级交流打通屏障，构建起一个良好的绩效管理环境。评价与交流，能让员工在过程中发现工作中与目标的距离，从而更加精确地找到突破发展的方向，促进自身的专业化成长。

明确绩效考核评估目标。绩效考核主要是对员工工作业绩和工作效果进行评估，其考核目标总体上包括四个方面：一是岗位履职完成情况，二是工作目标完成情况，三是工作完成效率高低，四是工作效益的好坏。考核内容既要全面反映职工个人的工作情况，也要求对职工的工作效益等方面有准确的体现。① 管理者通过考核的方式进行管理与评价，为绩效赋能的具体实施设计路径与方向，在指标中融合教学工作与学校发展目标的要求。

二、绩效赋能功能定位的影响因素与作用分析

绩效赋能指标体系的设计与选择需要充分结合教育政策与学校发展的实际情况，并考虑获取工具设计的可行性与科学性，从管理思想、管理方法和管理人才等方面构建学校管理的绩效指标与功能定位，以反映包括学校发展战略目标的制定与执行、管理者因素、员工参与等方面分析影响因素及功能定位发挥的作用。

（一）绩效赋能功能定位的影响因素

明确绩效赋能的功能定位，就需要充分考虑有关的影响因素。一个有效绩效考核能够帮助管理者揭示员工的满意程度和预期目标的实现程度，并能够指出管控制度及机制的改进空间和应采取的行动。② 管理者在确定功能定位前，需要先了解员工对绩效目标的认识，要结合绩效目标功能定位来构建绩

---

① 罗凯，赵强，李雯. 对航海保障事业单位绩效管理评估体系建设的思考［J］. 珠江水运，2015（03）：82—83.

② 李瑞雪. 灵州电厂员工绩效管理体系设计［D］. 银川：宁夏大学，2015.

效管理体系，进一步厘清影响绩效目标功能定位的关键影响因素。

对计划执行过程存在的障碍。包括实施绩效赋能过程中可能遇到的问题与困难，员工是否能适应该制度的实施，评价过程中需要考虑的因素等，管理者需要结合学校管理结构与员工的实际情况，统筹考虑，关注细节，再确定绩效赋能的功能定位的内容与方向。

内外部对绩效目标的影响因素。内因包括员工的职业素养、专业能力、服务能力等指标细化，具体体现在工作技能、执行能力、协调能力、处理能力等方面上；外因包括加强日常工作管理考核，以业务完成率、结果反馈率、满意率、投诉率、考勤率等为考核指标，通过定期辅导及评估，发掘能促进员工进步的动力因素，并在绩效功能定位中考虑融合，以帮助员工鼓励自我提升核心胜任素质，增强工作积极性，营造积极向上的工作氛围。[①]

学校发展的战略目标。学校的战略及规划是绩效目标设立的前提，而战略的实施则需要通过绩效目标的达成来实现。当前中小学学校的绩效目标主体没有足够重视绩效目标与战略目标的联系，在设立绩效目标时过于片面化，不利于政策评估的科学有效开展。[②] 因此，绩效赋能在确定功能定位前，要充分考虑学校的战略目标，加强绩效目标与学校发展规划的联系，使绩效工具的作用能更大程度发挥，促进学校的进一步发展。

（二）绩效赋能功能定位的作用分析

本质上来说，教师教学绩效评价的目的是：通过评价的手段，使教师对其教学工作和过程进行有效反思，发现问题，改进教学方法，提高教学水平，促进教师专业发展，同时使学生受到更优质的教育。然而，在实际实施的过程中，学校对评价体系的功能定位容易存在偏差，从而导致奖罚手段反而成为教师教学评价目的，评价无法真正发挥对教师的激励作用，最终直接影响人才培养的质量。在这种情况下，明确绩效赋能功能定位则可以很好地解决

① 陈芬. 大数据下的机关事业单位人力资源绩效管理创新［J］. 中国产经，2021(07)：153—154.

② 崔婵婵. 公共政策绩效目标设立规范化研究［D］. 石家庄：河北师范大学，2016.

这一问题。功能定位能够帮助绩效管理减少资源的浪费与分配不公，在讲求内部管理与外部效应、数量与质量、经济因素与其他非经济因素的基础上，提高管理的有效性与整体运营的效率性，逐步实现获得的产出（如教育指标与社会服务指标等）的最大化。此外，绩效的功能定位还能提高管理的效果性，这是指原定绩效目标的实现情况，或者说缩小学校目标的实际效果与预期效果的差距，充分兼顾长期利益原则和动态过程完善原则①，为管理者审慎选择绩效评价指标提供参考的依据。

（三）中小学绩效管理对管理体制创新的作用

学校绩效管理逐渐成为管理创新内容中的重要组成部分。在绩效管理中，最基本的目的就是提升教师以及相关职工的忠诚度与满意度。这样能够有效激发职工的积极性以及主动性，促进学校的整体发展。在学校的管理中，要重视人才培养，深度挖掘员工潜能。此外，管理者需要制定合理的管理制度，尽可能提高员工的创造力与积极性，不仅满足员工的物质需求，同时也要深入精神世界，满足员工的精神追求，这也是进行学校管理创新的重要层面。②

绩效赋能可以促进员工满意度的提高。在绩效管理中，管理者确保实施的公平性与有效性，能够促进教师整体素养水平的有效提高，帮助教师调动工作的积极性与创造性，为教师实现自身价值提供良好的环境，教师在工作中有更多的收获感与成就感，从而更好地为学生服务，为学校服务，为学校实现整体管理的创新创造条件，促进学校运营的稳定。

随着教育的改革，我国在教学上教学模式和教学理念都已经有所改变，学校应该要适应这种改变，引进先进的教学模式。绩效管理是学校管理创新的新需求，实施绩效管理，可以让学校突破旧的教学模式，迎合新的教学理

---

① 周武星，田发．中国高校经费拨款制度设计：基于绩效预算管理的视角［J］．广州大学学报（社会科学版），2015（02）：57—62．

② 张盼文，彭立学．绩效管理视域下的高校管理创新研究［J］．中国管理信息化，2018（14）：212—213．

念[①]，从而为实现现代化管理做出尝试与创新，也为促进学校的进一步发展创造条件。

三、县城中小学绩效赋能体系的实施思路

中小学绩效赋能体系的建设方向，就需要考虑过去与当前的绩效管理现状。当前，大部分中小学绩效管理过程的总体思路仍采取传统的事后考核方式，整体的实施效果不佳，存在问题较多。管理者要改善学校绩效赋能体系的现状，就需要从整体的思路设计进行改善与变革，同时，在建体系的过程中并不需要追求完善和详尽，而应把重点落实在简明扼要，操作性强。综合研究学校管理现状，管理者可以将绩效管理过程明确为三个步骤：绩效计划及目标设定→绩效指导及强化→绩效考核及回报。基本点是将事后判断式的考核方式转变为事前计划式的考核方式，关键在于重辅导，重提高，将绩效反馈及改进融入绩效指导和强化环节当中去。[②]

（一）准备阶段的绩效评价管理思路

在准备阶段，除了进行技术上的准备外，管理者还需要将教师绩效评价所体现的管理理念、管理功能与教师管理制度进行协调，重视预算方案的制定，综合考虑发展需要、客观条件变化，必要时还需要进行论证和模拟操作。典型的程序包括：针对目标的完成情况多久检视一次，关于完成情况及绩效的其他方面的信息如何获得，绩效结果如何与个人或团队进行讨论等[③]，同时，还要关注员工对于绩效管理的理念认识是否准确，做好相关的宣传工作。

---

① 谢莉．刍议绩效管理视域下的学校管理创新［J］．时代金融（下旬），2015（9）．

② 郭庆松．试论绩效管理的战略管理功能［J］．中国人力资源开发，2008（10）：94－96．

③ 吴继红．P-CMM方法在中小民营企业绩效管理系统中的应用研究［D］．成都：四川大学，2003．

管理者要对学校绩效管理情况展开调研，并提前规划和组织专门的绩效考核小组进行绩效考核工作，通过综合考虑所需的人力、实践和流程等因素进行细化安排，最终商讨制定出符合本校的绩效管理工作计划与评价方案。

（二）实施阶段的绩效评价管理思路

在绩效赋能的实施阶段，管理者要在确定绩效评价指标、程序、方法和评价人、被评价人等内容后，协调各部门按照既定程序搜集信息。由于管理涉及多个实施主体时的必要管理内容，教师绩效评价需要在不同的时间搜集不同的信息，管理者要协调各组成部门按照计划实施信息搜集并检测，保证绩效实施的过程的合理性和科学性。[①] 在实施阶段中，学校管理者可以从三个方面展开思路设计：①员工绩效目标依据学校发展需求，结合员工自身岗位职责，明确员工绩效目标，为员工绩效提升明确方向。②优化绩效指标体系，借助平衡计分卡法等工具提取重点指标、剔除无关绩效的多余指标，设计员工绩效考评指标。③设计绩效实施环节对绩效管理实施的过程沟通及信息收集、绩效考评周期及考评人员选取、绩效结果应用、绩效优化等环节进行完善，强化过程管控。[②]

（三）完成阶段的绩效评价管理思路

考核成绩的反馈对于完善绩效评价显得尤为重要，绩效管理体系的效能是否被激发需要绩效考核作为参考。管理者要检验绩效管理的实施是否有利于学校的发展，可以从两个方面进行考虑：一是及时沟通反馈。在绩效考核的进程中，绩效结果的反馈应在绩效考核后期，对考核结果进行足够分析后，及时找相关员工谈话，还要以书面形式出具考核结果反馈意见。与教师谈话，不单是通知考评成绩，而是要阐述教师出色之处和逊色之处，还可以将教师

---

① 曾晓东. 对中小学教师绩效评价过程的梳理［J］. 复印报刊资料（中小学学校管理），2004（4）：37—42.

② 李瑞雪. 灵州电厂员工绩效管理体系设计［D］. 银川：宁夏大学，2015.

自评和他评作比较，使参评教师了解自身和其他教师间的差距，从而找到提高自己的方向。二是采取针对性改善措施。针对参评教师在考核中出现的问题，学校应组织相关培训，引导教师改进，促进教师自身发展，从而提高教学质量。[①] 管理者要充分利用实施后的管理信息，结合科学的绩效方法进行解释和应用，在后续的评价中进行纵向对比，形成员工的绩效信息体系，为进一步促进员工的发展与完善绩效赋能体系提供经验参考。

① 吴文彬. 民办高职院校教师绩效管理体系研究［D］. 西安：陕西师范大学，2015.

第二章 绩效赋能与县域教师创新驱动发展的评价模型

“评价”是每个时代各种类型及层次的教育改革的终极方案，也是“最后一里路”。教师评价是学校管理中的一项重要工作，关系到教师个人的发展。而绩效评价作为激励教师发展的有效途径，对推动县域教师创新驱动发展起着极大的促进作用。目前，构建科学、高效的教师绩效赋能评价模型是县域学校迫切需要完成的一项战略性发展任务。构建这种绩效评价模型的目的在于，通过绩效评价手段来客观、合理、科学地对县域教师进行评价，以此赋予教师内在动力，激发教师积极创新，从而引领县域教师走向更高层次的发展。

绩效赋能与县域教师创新驱动发展的评价模型主要有三种，分别是绩效赋能的专业成长模型、绩效赋能的教师特质模型、绩效赋能的过程取向模型。本章将从概念内涵、意义、内容建设以及借鉴价值等四个方面来对上述三种绩效赋能评价模型展开阐述，以期为县域学校更好地促进教师创新驱动的发展提供参考。

第一节　绩效赋能的专业成长模型

2020年6月，中共中央、国务院印发了《深化新时代教育评价改革总体方案》，对教师评价提出了改革要求，明确了教师评价制度的方向。目前，绩效评价是指引教师专业成长的重要依据，如何通过绩效评价，持续赋予教师奋斗的能量，促进教师的专业成长由外驱转变为内需，是一个值得我们深入探索的课题。

一、绩效赋能专业成长模型的概念及内涵

（一）教师绩效赋能专业成长模型的概念

专业成长模型，是美国学校对教师所采用的评价模型之一，是指评价者及时将信息反馈给教师以提高教师想要提高或必须提高的专业技能。这种教师评价模型的重点在于教师个体和他们的专业发展，尤其是关注教师的兴趣与需求。①

该模型能有效地促进教师专业化和专业成长，使教师个体真正得到选择自身发展的权力，而且这种模型对教师的影响具有长远性。但是，这种模型突出的问题是对学校无问责，难以满足公众了解学校教育状况的需要。而且，在这种模型中，教师个人专业成长的目标与组织目标或组织绩效也没有特定

① 孙炳海，申继亮. 美国教师评价的发展历程与评价模型研究述评［J］. 比较教育研究，2009（05）：73－76.

联系，可能导致教师对学校的责任失控。[①]

教师绩效赋能专业成长模型则是在专业成长模型的基础上，能够改进教师个人与学校发展目标脱离的问题的一种教师评价模型。具体而言，绩效赋能专业成长模型，是指将教师的工作绩效与教师个人的专业成长相联系，即通过构建绩效工资的分配方案来激发教师自身专业发展的内生动力，在评估绩效工资后，能够针对性地分析教师的优势与不足，并且及时将情况反馈给教师，促进教师意识到“多劳多得，不劳不得，优绩优酬”的绩效分配原则，从而引领教师走向专业成长，最终促进县域教师勤奋工作、积极创新，提升学校的整体教育教学质量。

（二）教师绩效赋能专业成长模型的内涵

教师绩效赋能专业成长模型的内涵在于通过绩效工资来促进教师进行自我反思和实践，帮助教师明确自身专业的努力方向，进而引领教师走向个人的专业成长。所谓“反思”，著名的教育家杜威认为，“是一种对任何信念或假设性的知识，按其所根据的基础和进一步结论而进行的、持久的、周密的思考”。[②] 而“实践”则是强调教师的专业成长需要依靠教师反思后不断进行专业实践，以促进自身专业发展。

从本质上来说，绩效赋能专业成长模型，符合“反思＋实践＝教师专业成长”的取向，是教师内在的、自我专业发展驱动的结果。该模型旨在以一种科学、准确、合理、公平、公正的绩效考核制度，来保证教师的考核结果与实际工作绩效相符，从而最大限度地保护教师、激励教师不断提升自我角色认知和自我专业水平。由此，驱动教师挖掘自身的潜能，并将这种潜能付诸教育教学中去，最终帮助教师实现个人的专业成长。这样的绩效考核，无论是对调动教师工作的积极性、个人的专业成长，还是对促进学校师资队伍

---

① 孙炳海，申继亮. 美国教师评价的发展历程与评价模型研究述评［J］. 比较教育研究，2009（05）：73－76.

② 约翰·杜威. 我们怎样思维·经验与教育［M］. 姜文闵，译. 北京：人民教育出版社，2005：16.

的发展都具有重要作用。

二、构建绩效赋能专业成长模型的意义

（一）县域教师自身专业化发展的需要

大多数学者认为，教师专业化发展的核心主要包括专业理念、专业知识、专业技能和专业情意等四大方面。2018 年起，教师专业化发展成为了教育改革的重点，有学者在教师专业化发展这一模块做了深入的研究，并提出，教师待遇、教师地位、制度因素以及教师个人因素等都是制约教师专业化发展的重要因素。[①] 在教师个人因素方面，教师的专业化意识薄弱，制约了教师自身的专业化发展。尤其是乡村教师，由于生活环境的限制，容易把学生的发展作为自己教学的全部，忽略了自己的专业化发展。[②] 并且他们工资水平一般，在精神生活方面易产生职业倦怠感，进而导致教师内驱力不足，获得习得性无力感。

不仅如此，县域教师的专业化发展还存在着较大的问题。大多数县域教师无论是在专业理念、专业知识、专业技能，还是专业情意方面，都发展得较为缓慢。绩效赋能专业成长作为一种教师评价的重要模型之一，能够通过薪酬的合理分配增强教师的内在发展动力，提升县域教师的工作积极性。这对促进县域教师的角色认知，突破县域教师职业倦怠困境，提升县域教师自我专业化发展水平具有重要的作用。因此，构建绩效赋能专业成长模型，是促进县域教师专业化发展的迫切需要和必然要求。

---

① 何二林，潘坤坤，马士茹. 我国教师专业化的内涵、影响因素及发展策略——基于近二十年教师专业化发展的文献分析［J］. 河南科技学院学报，2019（02）：30－35.

② 曹留成. 农村教师专业化发展的困境与对策探析［J］. 国家教育行政学院学报，2006（02）：64－67，74.

（二）县域教师提升创新能力的需要

创新能力是民族进步的核心，提升创新能力是时代发展对人才培养的必然要求。对教师而言，它是教师专业成长的灵魂，不仅对教师个人的发展具有巨大的促进作用，而且对学生创新能力的培养、学校教师专业化队伍的建设、校本课程的开发具有重要的引领意义。

当前，部分县域教师存在创新能力薄弱的问题，在信息化教学、教育科研、教学理念等方面的创新能力尚待提高。绩效赋能专业成长模型的构建，正是以教师的创新能力作为绩效考核评价体系的重要依据，对教师实行短期的和长期的创新能力评估机制和奖励机制，切实着眼于引领教师走向专业成长，提升县域教师创新能力的需要。

（三）县域学校实现跨越式发展的需要

促进县域教师完成自我专业成长，是县域学校实现跨越式发展的需要。县域学校的发展离不开学校教师的共同努力，我国县域学校，尤其是经济欠发达地区的县域学校，要提升学校的教育教学质量，实现跨越式发展，必须构建绩效赋能专业成长模型。该模型以引领教师专业成长为出发点，将绩效与教师个人的努力、发展相联系，坚持“多劳多得，优绩优酬”的原则，赋予教师内生动力，激发教师的奋斗动力，从而推动县域教师实现自我专业成长，最终推动所在县域学校实现跨越式的发展。

因此，构建绩效赋能专业成长模型，是促进县域学校实现跨越式发展的重要保障。

三、教师绩效赋能专业成长模型的内容建设

（一）提高教师绩效认知水平，强化教师成长意识

教师对绩效的认知错误，容易对教师自身的专业成长以及学校的发展造成负面影响。部分教师由于对绩效理解不到位，当看到自己的绩效不如他人时，会产生消极的情绪反应。教师应认识到，绩效评价是组织为了达到既定的战略目标，通过特定的手段，系统地对下级单位以及成员的工作表现和业绩进行评估、考核，最终实现价值最大化的评价方式。[①]

教师绩效赋能专业成长模型的构建思维是积极发挥校内民主，在充分领会上级文件精神的前提下，制订科学合理的考核方案和办法，使考核工作科学、合理。在绩效考核的过程中，重视由学校民主制订下来的绩效考核方案，由此形成一个共同的教育教学约定，进而提高教师对绩效的认知水平。要明确绩效考核评价的意义不在于评价，而在于通过这样一种与薪酬挂钩的评价方式，去发现自身的不足之处，强化教师的成长意识。关于提高教师绩效认知水平，强化教师成长意识，该模型提出了以下举措：一是结合国家颁发的绩效工资分配政策与学校的实际情况，教师参与绩效考核方案的讨论，充分发表自己的见解，发挥教师的主观能动性；二是提倡绩效考核方案制订的民主性，由学校召开全体教职工大会，进行绩效工资的考核办法解说，提高教师的绩效认知水平；三是在选出了绩效工资考核方案后，全体教职工在大会上投票表决，达成事先约定，明确自己的教育教学实践、成长方向。

① 苏欣慰，刘莎，袁晋芳．教育教学改革专项资金绩效评价与教师教学促进机制的研究［J］．财经界，2020（36）：11－13，47．

（二）坚持多劳多得绩效原则，彰显教师奋斗精神

2009年起，我国开始实行义务教育阶段学校教师绩效工资考核分配实施办法，该考核办法将教师的绩效工资分为基础性工资和奖励性工资，其中，基础性工资占比70%，奖励性工资占比30%。此外，该考核办法是根据实际劳动来确定教师所得的工资，即明确多劳多得原则，以此发挥激励教师的作用。然而，有研究表明，教师奖励性绩效工资在工资构成中占比过低会导致其难以发挥激励作用。① 有些地区的义务教育学校调研发现，存在奖励性绩效工资在工资构成占比低至3.92%的情况。此外，还有大多数义务教育学校为了避免教师间矛盾选择平均分配财政拨付的奖励性绩效资金。② 这些做法不仅没能起到激励教师的作用，反而削弱了教师奋斗的积极性，导致教师绩效工资落实不到位。

教师绩效赋能专业成长模型站在教师的角度，切实考虑了这些问题，在绩效考核的过程中，该评价模型始终坚持着“科学合理、多劳多得、优绩优酬”的绩效分配原则，避免“不努力工作也能拥有与努力奋斗的教师一样的绩效工资”“高工作强度低绩效”等分配不均现象再次发生，确保教师的绩效工资得到科学、合理的分配。为落实教师绩效工资按劳分配，绩效赋能专业成长模型规定了奖励性绩效工资的计算方法为：教职工的奖励性绩效工资＝教职工考核的实得分×分值＋现金补助＋值班补助－考勤扣罚。这有利于激励优秀教师继续努力奋斗，彰显教师的奋斗精神，同时，也有利于鞭策绩效较低的教师向优秀教师看齐，调动教师的教育教学工作积极性。

---

① 安雪慧．义务教育学校教师绩效工资政策效果分析［J］．中国教育学刊，2015（11）：53－60．

② 薛海平，唐一鹏．理想与现实：我国中小学教师工资水平和结构研究［J］．北京大学教育评论，2017（02）：17－38，186－187．

（三）明确专业成长绩效指标，提升教师工作绩效

以广东省廉江中学为例，绩效赋能专业成长模型，主要有如下指标，如表 2—1 所示。

表 2—1　绩效赋能专业成长模型绩效指标

<table>
<tr><td>板块</td><td colspan="2">专业成长绩效指标</td><td>计量单位</td></tr>
<tr><td rowspan="9">科任
教师</td><td colspan="2">教学工作得分</td><td>分/学期</td></tr>
<tr><td colspan="2">教学工作量要求</td><td>节/每周</td></tr>
<tr><td colspan="2">管理工作得分</td><td>分/学期</td></tr>
<tr><td colspan="2">职称得分</td><td>职称标准系数</td></tr>
<tr><td rowspan="5">工作业绩得分</td><td>教学成绩得分</td><td rowspan="5">分/学期</td></tr>
<tr><td>教师满意度调查得分</td></tr>
<tr><td>教学常规得分</td></tr>
<tr><td>教研工作及荣誉称号加分</td></tr>
<tr><td>创新能力得分</td></tr>
<tr><td rowspan="2">教辅
人员</td><td colspan="2">工作量得分</td><td>分/学期</td></tr>
<tr><td colspan="2">工作业绩得分</td><td>分/学期</td></tr>
<tr><td rowspan="2">现奖
金扣除</td><td colspan="2">考勤扣罚</td><td>元/每次</td></tr>
<tr><td colspan="2">值班补助</td><td>元/每次</td></tr>
<tr><td>绩效工资
发放规定</td><td colspan="3">（一）受党纪、政纪处分的教职工其绩效考核按照有关规定执行。
（二）以下三种情况不得享受奖励性绩效工资：
1. 一学期累计旷工达 5 个工作日或旷课达 10 节以上。
2. 脱产学习半年以上。
3. 一个学期请事假、病假累计 60 天以上。
（三）本学期请事假、病假一周以上 60 天以下的，按其实际工作时间和业绩考核计发绩效工资。</td></tr>
</table>

绩效赋能专业成长模型具有明确的绩效指标，每一个指标，都是经过深思熟虑后决定的。为发挥绩效赋能的作用，该模型注重奖惩有力，严格遵守教师专业成长绩效考核制度。另外，教师绩效赋能专业成长模型适用于全体

教职工，包括科任教师和教辅人员。其中，科任教师部分的绩效考核主依据为教学工作得分、教学工作量得分、管理工作得分、职称得分、工作业绩得分（包括教学成绩得分、教师满意度调查得分、教学常规得分、教研工作及荣誉称号得分、创新能力得分）、现奖金扣除部分等。教辅人员的绩效考核主要依据为工作量得分、工作业绩得分以及现奖金扣除部分等。明确教师专业成长的绩效指标，旨在提高教师的绩效水平，促进教师不断自我专业成长。

（四）建立绩效反馈沟通机制，引领教师专业发展

绩效反馈沟通机制是教师绩效赋能专业成长模型的重要内容之一，也是该模型的特色所在。绩效反馈沟通机制，是指在对教师进行公平、透明的绩效考核后，避免让绩效考核评价流于形式，及时与教师进行沟通，将绩效考核的结果当面告知教师。对于高绩效的教师，鼓励其继续努力，争取获得更好地成长，得到更好的绩效。对于低绩效的教师，积极进行沟通交流，帮助教师对自己获得清晰的定位，明确自身的优势与发现自身尚待努力的地方。

绩效评价考核部门在与教师进行交流时，一方面表示对教师的尊重，另一方面向教师充分说明其获得绩效考核工资结果的原因。同时，对教师的绩效结果提出针对性的建议，以此促进教师不断完善自己的不足之处，从而引领教师走向自我专业发展。

四、绩效赋能专业成长模型的借鉴价值

（一）聚焦于县域教师的专业发展

绩效赋能专业成长模型关注教师的成长需求，从绩效考核入手，将教师个人的工作与工资相联系，对教师的工作素养、工作能力、工作行为、创新思维等方面进行严格的评估、考核，并依据科学合理、多劳多得的原则，由

此形成独特的、针对性的教师工作评价。这对教师明确自身工作任务、科学定位自己、进行自我反思有极大的促进作用。同时，该模型聚焦于教师的专业发展，从多方面多角度来探寻教师自我提升的方法和途径。针对不同教师的绩效情况，学校为其提供了相关的发展建议，也鼓励教师正确看待自己的绩效工资，明白绩效的目的在于促进教师走向更高层次的发展，从而引导教师立足实际的情况，为自己量身定做专业发展的方案，为教师自身的专业发展提供方向。这种教师评价模型，能够有效提升教师自我成长，从而推动县域教师的专业发展。

（二）增强县域教师的内驱力和使命感

绩效赋能专业成长模型立足教师个人的现实成长需求，把教师个人作为绩效赋能评价的出发点，从关注教师的工作情况和内心状态到走进教师的内心，将奋斗和责任的种子埋在县域教师的内心深处。通过教师自身与其他教师的绩效评价情况进行对比，将教师遇到的实际工作问题进行深度分析，促进教师积极向优秀教师看齐，从而获得进一步学习、自我发展的动力，具有极强的引领作用。另外，该模型充分发挥了当前县域教师在基础教育领域发展的积极作用，激励教师从绩效评价走向自我专业实践，促进教师发自内心热爱教育事业，自觉承担起教书育人的使命，进而关注学生成长，培养爱岗敬业精神。可见，绩效赋能专业成长模型能够有效增强县域教师的内驱力和使命感，具有较强的借鉴价值。

（三）提升县域教师队伍创新能力

绩效赋能专业成长模型作为教师评价的重要手段，吸收了最初美国专业成长模型的优点，并改正了其缺点，凸显评价体系健全、科学、合理的特点。同时，该模型注重县域教师创新能力的提升，在评价标准方面，将创新能力作为教师绩效考核的重要指标，完成了绩效考核由严抓“数量”向严抓“数量与质量”的转变，这对县域教师培养创新思维、提升创新能力具有导向作用，达到了绩效赋能的目标。

另外，创新能力对教师的专业发展起着难以估量的作用，它将直接影响教师个人的专业发展。绩效赋能专业成长模型充分考虑了这一点，通过评价，激励教师积极完成自己的教学与管理工作，激发自身的创造力，提升创新能力，由个体到群体，进而整体提高县域教师队伍的创新能力，为推进我国教育事业的发展做出应有的贡献。

第二节　绩效赋能的教师特质模型

教师特质是教师与其他行业区别开来的重要特征，深刻把握教师特质，准确、合理地作出评价，对教师的专业发展以及创新驱动发展具有重要的导向作用。

一、绩效赋能教师特质模型的概念及内涵

（一）绩效赋能教师特质模型的概念

教师特质模型，源自美国的学校，是指通过一系列理想化的教师特质来评价教师，例如热诚、公平和创造性等。[①] 该模型具有明显的优点，较为简单明了，便于运用，但也存在较为明显的缺点，一方面，在评价教师是否具有某一特质或存在多少特质上，存在较强的主观性，有些特质如创造性本身的

① 孙炳海，申继亮．美国教师评价的发展历程与评价模型研究述评［J］．比较教育研究，2009（05）：73－76．

定义就模棱两可，创造性的表现更是多种多样，不同评价者可能对创造性有自己的理解，难以保证评价的客观性；另一方面，教师特质模型并不是教学表现的直接反映，通过这些特质终究只是间接反映教学表现，有可能高估特质和教学表现之间的联系，造成评价偏差。①

绩效赋能教师特质模型则是在美国教师特质模型的基础上，以统一的标准对教师特质进行多元化、科学化、规范化的评价，在保证教师评价客观性的同时，将教师的特质拓展到教师人格特质、教师教学特质、教师形象特质、教师专业发展特质等多个方面，不局限于教师的教学特质，突破了教师特质模型的实施困境。具体而言，绩效赋能教师特质模型是指将教师的工作绩效与自身特质相联系，即突出强调已经显现出来的特质，并将这种显现出来的特质以“质性＋量化”的方式，衡量教师的工作情况，教师绩效的高低与其表现出来的特质密切相关。

（二）绩效赋能教师特质模型的内涵

在教师评价方面，绩效赋能教师特质专业成长模型为其提供了一种新的、操作性强的方法，也逐渐显现出“以教师发展为本”的目的，以及引领教师特质发展的重要作用。概言之，绩效赋能教师特质模型与其他绩效赋能教师评价模型相比，具有独特的内涵：一是采用绩效赋能评价模型能够激发教师的个人荣誉感，增强教师的职业自信，同时促进这些优秀教师深度培育自己的特质，进一步提升自我；二是绩效赋能教师特质模型是以优秀教师的素养和能力为统一标准而设定的，并非一般教师的工作素质与能力；三是绩效赋能教师特质模型从教师的个体层面出发，对教师特质进行多方面的评价；四是绩效赋能教师特质模型是对教师知识与能力、情感态度与价值观的科学、全面评价，既能保证教师日常工作正常有序、高质量地进行，又能充分考虑教师个人的发展，鼓励教师发挥自己的专业优势。

---

① 孙炳海，申继亮．美国教师评价的发展历程与评价模型研究述评［J］．比较教育研究，2009（05）：73—76．

此外，这一教师评价模型不仅有利于完善教师评价的不足，而且对教师了解自身特点、明确自我优势与劣势、激发内生动力进行自我专业发展和提升自我素质与能力具有极大的促进作用。

二、绩效赋能教师特质模型的意义

（一）满足新时代发展对教师质的更新要求

现代人的培养关键在于现代教育和现代教师，新时代的教育现代化呼唤培养“高质量专业化创新型”的教师。[①] 这对教师提出了更高的要求，教师不仅要加强自身的能力，更要完成自我“质”的更新。绩效赋能教师特质模型，注重教师作为教育工作者在人格、教学、精神、专业发展等方面促进教师自我价值实现的实际行为，同时也关注教师的心理状态，以及他们对自身特质的反思与改进过程。该评价模型不仅重视教师工作“量”的评价，而且更为关注教师在教育教学中所表现出的外在、内在特征，着眼于教师“质”的培育。这对鼓励教师做好教育教学工作，不断提高自身的综合素质和能力以及核心竞争力具有重要作用。

相对于其他教师评价模型而言，绩效赋能教师特质模型关注教师“质”的发展，充满了人文关怀。一方面，这有利于引导教师形成长期的、稳定的内在特征，帮助教师更好地对自己的职业生涯进行规划；另一方面，该模型能够满足新时代发展对教师“质”的更新要求，促进教师更好地提升自我、发展自我、超越自我。

---

① 皇甫科杰．“新时代教师”的特质内涵初探与培养路径例谈［J］．教育导刊，2021（02）：12—19．

（二）帮助教师充分了解自身的优势与不足

了解自身的特点，是教师进行自我发展的基础。从教师评价指标来看，绩效赋能教师特质模型以教师特质为切入点，其评价指标全面，基本能够涵盖教师从事教育工作的全部内容，能够对教师作出较为全面的评价。从评价主体来看，绩效赋能教师特质模型具有教师自身、同事、领导、学生等多元的评价主体，能够确保教师获得较为客观的评价。从评价时间来看，绩效赋能教师特质模型每个学期评价两次，每一次的评价都会对教师的行为表现进行观察、记录、绩效评价，制定改进计划，能够保证对教师的评价是相对稳定的。

因此，绩效赋能教师特质模型能够对教师的特质进行科学、合理的评价，进而有效帮助教师正确认识自我。这对教师深入剖析自己的特点，明确自身的优势与不足具有重要作用。

（三）提供新手教师自我专业发展的启示

刚入职的教师接触教育工作的时间较短，其个人教育教学经验尚少，在自我专业发展上，更容易产生焦虑、迷茫状态。对于这种情况，学校迫切需要搭建起新手教师成长的桥梁，积极为新手教师提供自我专业发展的建议。

绩效赋能教师特质模型是立足于教师的专业发展，旨在以一种相对客观、稳定的评价，来综合分析教师的特质。尤其是在新手教师与优秀教师的特质对比分析上，能够对新手教师进行全面的评估，并根据优秀教师呈现出的个人特质，引导新教师根据自己的实际情况，选择性地向优秀的教师前辈们学习，以促进自身的专业发展。在这个阶段，构建绩效赋能教师特质模型，通过教师绩效与特质相结合的评价来为新手教师提供一些专业发展的启示，无疑是教师快速发挥自我优势，提升自我的有效途径。

三、绩效赋能教师特质模型的内容建设

（一）突出教师的主体关键地位，重视教师的自我特质评价

教师作为评价对象，如何对评价做出反应是评价部门最为关心的内容之一，另外，从博弈论视角来看，教师作为博弈主体，他们会通过各种策略和手段应对评价制度，在保证评价合格的基础上，使自己的收益最大。因此，如何设计评价机制和评价代价成为关键。① 基于此，绩效赋能教师特质模型在设计评价机制时，注重通过奖惩结合来激励教师自我提升，促进教师自觉进行专业发展。

同时，该模型完成了传统的教师评价模型中教师被动地位向当前教师评价模型中教师关键主体地位的转变，注重教师对自身特质的评价，主要表现为：教师通过对比绩效赋能教师特质评价指标，在冷静自我分析下进行自我特质打分，然后进行自我特质总结性评价。这一评价过程，不仅是教师对自己近段时间以来的教育教学认知的过程，而且是教师对自己近段时间以来的自我反思过程。值得注意的是，教师在自我特质评价时，需要具备正确认识自我、特质分析、自我反省的能力。另外，绩效赋能教师特质模型中的教师自我评价作为一种促进教师发展的内部刺激，比来自于他人的评价更为有效，这是因为被评价的教师比他人更加了解和清楚自己的特质，也比他人更了解自己对教育教学理论知识的学习与实践程度。相对于他评而言，他评仅看到教师的外在表象，所给出的评价仅能起到提示、启发、警觉教师的作用，这些评价机制要发挥作用，必须经过教师的认同和内化，才能唤醒教师的专业自觉，促进教师专业化发展。②

绩效赋能教师特质模型充分认识到了这一点，着重突出教师的评价主体对象，关注教师个体作为丰富的人的内心感受，重视教师自我特质评价，这

---

① 张钧. 唤醒专业自觉的中学教师评价研究［D］. 长春：东北师范大学，2016.

② 张钧. 唤醒专业自觉的中学教师评价研究［D］. 长春：东北师范大学，2016.

对教师自我专业发展起到了极大的促进作用。

（二）明确教师特质绩效评价指标，唤醒教师自觉职业发展

唤醒教师自觉进行职业发展是一个较为复杂的过程，它需要多方面对教师进行特质评价，并通过薪酬激励的方式，促使教师做好个人发展规划。绩效赋能教师特质模型具有明确的评价指标，绩效评价的内容包括师德及德育工作、教育教学工作、教师专业发展等方面，它适用于学校所有教师。其绩效指标具体可以分为一级指标和二级指标，每个指标都有相应的要求。其中，一级指标包括职业道德、德育工作、教学能力、教学过程、教学质量、工作态度、工作能力、工作效果、专业发展等，二级指标包括工作纪律、教师形象、品德修养、德育管理、德育活动、德育渗透、教学能力、备课、课堂教学、作业、课后辅导、学习成绩、工作心态、教学效果、终身学习、教育教学能力、教育科研能力、专业发展与创新能力、工作量、加分项等。明确教师特质的绩效评价指标，有利于鼓励教师积极向优秀的教师学习，培养个人特质，从而唤醒教师自觉进行职业发展。

以广东省中山市第二中学为例，绩效赋能教师特质模型在师德及德育工作、教学工作、教师专业发展评价方面主要有如下指标，分别如表2—2、表2—3、表2—4、表2—5所示。

表 2—2　中山市第二中学师德及德育工作评价方案（50 分）

一级指标	二级指标	具体要求	计分办法	评价办法
A1 职业道德	B1 工作纪律（12 分）	1. 遵守工作纪律，按时上班，不迟到，不早退（2 分）	违反学年累计超 10 次，扣 1 分；累计超 20 次扣 2 分	考勤登记、自评
		2. 上好课，不无故缺课（3 分）	缺课一节扣 1 分	行政检查记录、自评
		3. 上课、晚修坚守岗位，不迟到、不早退，不随意离开课室（3 分）	A4 分，B3 分，C1 分，D0 分	任教学生问卷
		4. 严肃认真参加升旗仪式，不缺席，无特殊情况升旗穿校服（2 分）	缺席一次扣 0.5 分，其他扣 0.2 分	办公室登记、自评
		5. 按时认真参加各种会议，不无故缺席（2 分）	缺席 1 次扣 0.5 分	会议主持部门登记、自评
	B2 教师形象（3 分）	1. 着装得体；上课不接听电话，上课不吸烟，不对着学生吸烟，不酒后上课、上晚修（3 分）	A4 分，B3 分，C1 分，D0 分	任教学生问卷、自评
	B3 品德修养（10 分）	1. 遵守师德规范，不进行有偿家教；不私自调课、调晚修（2 分）	A4 分，B3 分，C1 分，D0 分	级组教师问卷、自评
		2. 遵守法律、法规、政策，以正确方式表达诉求，不以非法方式表达诉求，不干扰正常教育教学秩序（2 分）	违反扣 2 分	行政检查记录、自评
		3. 严格要求学生和管理学生，关心、尊重学生，不侮辱学生人格，不体罚、变相体罚学生（4 分）	A4 分，B3 分，C1 分，D0 分	任教学生问卷、自评
		4. 维护学校声誉，没有对学校及师生有大的负面影响的其他行为（2 分）	违反视情况扣 0.5—2 分	行政检查记录、自评

续表

一级指标	二级指标	具体要求	计分办法	评价办法
A2德育工作	B4 德育管理（12分）	1. 注重教育安全，组织教育活动落实安全措施，不因人为疏忽而出现教育安全事故（2分）	违反视情况出现一次扣0.5—2分	行政检查记录、自评
		2. 制止和纠正学生不良行为，如上课吵闹、睡觉、用手机等（2分）	A4分，B3分，C1分，D0分	任教学生问卷、自评
		3. 上课、晚修认真清点人数，认真负责如实填写好课室日志（含出勤、纪律、仪表）（5分）	不按要求做每次扣0.2分	德育处、办公室检查记录
		4. 做好值日工作，无缺岗、迟到，履行好值日职责（3分）	违反一次扣0.5分	行政检查记录
	B5 德育活动（8分）	1. 积极参加班级德育活动和教育小组活动，做好后进生的跟踪教育工作，每学期至少负责2名后进生的教育转化工作（4分）	A4分，B3分，C1分，D0分	级组教师问卷、自评
		2. 做好《学生成长记录》的记录工作，每月至少记录3条，每学期不少于15条（2分）	没有记录扣2分，达不到数量扣1分	德育处检查记录、自评
		3. 加强家校联系，参与家访工作，每学年至少有一次家访（2分）	不能做到扣2分	德育处检查记录、自评
	B6 德育渗透（5分）	1. 教学中用良好的形象影响学生，用正确的思想引导学生，能做好学生思想教育工作；在传授文化知识的同时，联系学生实际，有机渗透德育（5分）	A4分，B3分，C1分，D0分	任教学生问卷、自评

表 2—3　中山市第二中学教学工作评价表（100 分）

（本方案适用于参加所教学生学科统考、高考或学业水平考试的教师）

一级指标	二级指标	具体要求	计分办法	评价办法
A3 教学能力	B7 教学能力（6 分）	1. 教学基本功扎实，能独立地组织各种形式的教育教学活动	A 做得很好，B 做得较好，C 做得一般，D 做得较差；按 A4 分、B3 分、C1 分、D0 分计算平均得分率，再按二级指标的权重计分	级组教师问卷、自评
		2. 能以信息技术为主的现代教育技术手段辅助教学		
		3. 有胜任班主任工作的能力		
		4. 独立命题水平高，能做成绩统计与试卷分析		
		5. 积极参加继续教育，业务水平随教龄增长不断提高		
A4 教学过程	B8 备课（6 分）	1. 认真备好每堂课，不无教案上课	A 做得很好，B 做得较好，C 做得一般，D 做得较差；按 A4 分、B3 分、C1 分、D0 分计算平均得分率，再按二级指标的权重计分	级组教师问卷、自评
		2. 上班时间内不随意离开办公室，在办公室不做与教学无关的事情		
		3. 积极参加科组、备课组、教育小组、级组的活动。与组内成员团结协作，对集体工作不推诿		
	B9 课堂教学（16 分）	1. 课堂秩序井然，课堂气氛活泼，师生互动良好，学生学习愉快		任教学生问卷、自评
		2. 教学方法灵活，善于启发学生思考，学生课堂学习效率高		
	B10 作业（6 分）	1. 作业适量、形式多样、难易适度，注重减轻学生作业负担		
		2. 作业及时批改，认真批改，适量批改		
	B11 课后辅导（6 分）	1. 耐心细致地辅导学生，认真解答学生提出的问题		
		2. 平等对待每一位学生，无歧视学生现象		

续表

一级指标	二级指标	具体要求	计分办法	评价办法
A5 教学质量	B12 学习成绩（6分）	所教学科学生学习成绩达到学校要求	统考高考得分乘以0.6	按统考高考方案

表2—4　中山市第二中学教学工作评价表（100分）

（本方案适用于不参加所教学生学科统考、高考或学业水平考试的教师）

教师计算得分按本年级教师教学工作评价得分平均值的90%最高分进行折算

一级指标	二级指标	具体要求	计分办法	评价办法
A6 工作态度	B13 工作态度（30分）	1. 认真做好本职工作	A做得很好，B做得较好，C做得一般，D做得较差；按A4分、B3分、C1分、D0分计算平均很分率，再按二级指标的权重计分	全校教师问卷与考核小组成员问卷各按50%计算
		2. 积极参与级组活动，参与对学生的管理		
		3. 认真做好学校临时性安排的工作		
A7 工作能力	B14 工作或教学能力（30分）	1. 熟悉本学科或领域的工作，对本人的工作领域能提出建设性建议		
		2. 课堂教学秩序井然，课堂气氛活泼，师生互动良好，学生学习愉快		
		3. 能进行学生特长的指导工作		
A8 工作效果	B15 工作效果（40分）	1. 按质按量完成本职工作		
		2. 主动参与学生的管理工作，与同事关系融洽		
		3. 学生特长发展的工作有成效		

表 2—5　中山市第二中学教师专业发展评价表（10 分）

<table>
<tr><th>一级指标</th><th>二级指标</th><th>具体要求</th><th>计分办法</th><th>评价办法</th></tr>
<tr><td rowspan="5">A9 教师专业发展</td><td rowspan="5">B16 终身学习</td><td>1. 积极参加各类继续教育和学习，每年完成继续教育任务</td><td>①每学年完成继续教育 48 个学时以上加 4 分</td><td rowspan="5">审核得分</td></tr>
<tr><td rowspan="4">2. 积极承担公开课、交流课和研究课，以及参加各类竞赛活动</td><td>①一学年有承担科组范围公开课、交流课、研究课，加 1 分，校级范围加 2 分，镇级主管部门组织的加 3 分，市级及以上主管部门组织的加 5 分</td></tr>
<tr><td>②开设学校大讲坛活动，高考复习指导、学生学法指导、学生教育专题讲座或承担党校培训课程，以及参加学校主题班会公开课，级组范围加 1 分，学校范围加 2 分</td></tr>
<tr><td>③参加教育行政部门举办的教育教学竞赛活动，获镇级一等奖加 4 分，二等奖加 3 分，三等奖加 2 分，获市级（或以上）一等奖加 6 分，二等奖加 4 分，三等奖加 3 分</td></tr>
<tr><td>④参加其他由上级教育行政部门举办的录像课、课件、教案、教学设计、试卷编写、运动、歌唱、舞蹈等竞赛活动，获镇级一等奖加 3 分，二等奖加 2 分，三等奖加 1 分，获市级（或以上）一等奖加 5 分，二等奖加 3 分，三等奖加 2 分</td></tr>
</table>

续表

一级指标	二级指标	具体要求	计分办法	评价办法
A9 教师专业发展	B17 教育教学能力	1. 培优辅差能力和组织课外实践活动能力等	①辅导学生竞赛（包括学科类竞赛、小论文、演讲、实验操作、科学制作、文艺汇演、艺术表演、体育竞赛等），学生获镇级一等奖加 3 分，二等奖加 2 分、三等奖加 1 分，学生获市级一等奖加 4 分，二等奖加 3 分，三等奖加 2 分；学生获省级（或以上）一等奖加 6 分，二等奖加 4 分，三等奖加 3 分。合作辅导的项目，得分要除以辅导教师人数	审核得分
	B18 教育科研能力	1. 主持或参与课题研究、进行学术交流等情况	①市级及以上立项课题主持人加 6 分，参与者加 2 分，子课题以 30%计算	
			②申报教育科学研究成果，获校级一、二、三等奖，主持人分别加 4 分、3 分、2 分，参与者分别加 2 分、1.5 分、1 分，镇级一、二、三等奖，主持人分别加 6 分、4 分、3 分，参与者分别加分 3 分、2 分、1.5 分，获市级及以上一、二、三等奖，主持人分别加 20 分、12 分、8 分，参与者分别加 5 分、3 分、2 分，子课题以 30%计算	
			③主持精品课程，获得市入选奖，主持人加 6 分，参与者加 4 分；获得提名奖，主持人加 4 分，参与人加 3 分；在复评评选中获市级一、二、三等奖以上的，主持人分别加 10 分、8 分、6 分，参与人分别加 6 分、5 分、3 分	
			④在校本培训、镇级、市级、省级、国家级教师继续教育中承担培训专题讲座、学术公开讲座，主讲分别加 2 分、3 分、4 分、5 分、7 分	

续表

<table>
<tr><th>一级指标</th><th>二级指标</th><th>具体要求</th><th>计分办法</th><th>评价办法</th></tr>
<tr><td rowspan="6">A9 教师专业发展</td><td rowspan="3">B19 专业发展与创新能力</td><td rowspan="3">1. 自主或集体进行课改实验，开发校本教材和实验教材，拓展专业知识和提高教育教学能力等</td><td>①参与校本课程开发和校本教材、校本教案、实验教材编写，提交研究成果，获校级优秀校本课程或优秀校本教材，主编加 3 分，参与者加 1 分，获市级一、二、三等奖，主编分别加 6 分、4 分、3 分，参与者加 3 分、2 分、1 分</td><td rowspan="6">审核得分</td></tr>
<tr><td>②出版具有国内国际标准书号（ISBN）教育类学术著作或教材 1 部以上，加 10 分，参与者加 5 分</td></tr>
<tr><td>③参与教辅资料编写，并出版，具有标准出版书号，主编加 6 分，参与者加 3 分</td></tr>
<tr><td rowspan="3">B20 工作量</td><td rowspan="3">1. 教育教学研究等</td><td>①每学期按学校规定写好专题总结，总结主题明确，论述言之有理，有一定深度，加 1 分，获学校优秀论文加 2 分</td></tr>
<tr><td>②撰写的学术论文，获镇级一、二、三等奖，加 3 分、2 分、1 分，获市级或以上一等奖加 5 分，二等奖加 3 分，三等奖加 2 分</td></tr>
<tr><td>③论文在市级正式出版刊物（中山教研）发表，加 3 分，在省级以上正式出版刊物发表（有 ISSN 或 ISBN 刊号或书号），加 5 分</td></tr>
</table>

续表

一级指标	二级指标	具体要求	计分办法	评价办法
A9 教师专业发展	B21 加分项	1. 个人荣誉	①完成学校特殊任务加分项目，出色完成学校交给的具有创造性要求并有一定难度的特别任务，可酌情加 1—10 分	审核得分
			②个人荣誉加分项目，被评为特级教师、南粤优秀教师或由教育行政部门组织评选省级以上先进人物、教学能手，或市名师、市名校长，加 10 分，被评为市名教师培养对象或骨干教师加 6 分、镇级名教师加 5 分、学科带头人加 3 分，师德先进个人、教坛新秀加 2 分	
	合计			

（三）采用多元教师特质评价工具，确保教师获得客观评价

教师专业素质和教书育人能力的提升离不开教师评价这个“指挥棒”的导向。① 要充分发挥教师评价的导向作用，需要做好教师评价的工作，保障教师获得科学、正确的评价。而绩效赋能教师特质模型采用了多元化的评价方法，包括课堂观察、问卷测试、领导考核、访谈等，能够多角度多方法了解教师的个人特质，确保教师获得较为客观、真实的评价。

一方面，多种评价工具的结合使用，弥补了单一评价工具造成教师评价偏差的短板，避免让教师评价流于形式，有利于让教师评价落到实处，保证了教师评价的客观性与有效性；另一方面，多元的教师特质评价工具，有利于引导教师在绩效评价中正确认识自己的优势与不足，激发教师的内生奋斗动力，从而推动教师积极获得相关的发展建议与支持。

① 李宜江. 党的十八大以来教师政策的内涵阐释［J］. 教师发展研究，2021（01）：1—7.

（四）结合特质、业绩确定薪酬，激励教师发挥个人优势

自《关于义务教育学校实施绩效工资的指导意见》实施以来，我国大力倡导“不劳不得、多劳多得、优绩优酬”的工资分配原则。相关研究表明，义务教育教师绩效工资已经在我国广大中小学得到很好的实施，并取得了明显的成效，但在实施过程中存在诸如部分地区义务教育教师绩效工资难以得到保障、同一学校教职工绩效工资分配不均的问题。①

为充分发挥我国绩效工资分配的激励作用，提高教师工作的积极性，绩效赋能教师特质模型坚持“公正、公平、公开、多劳多得”的原则，结合教师的特质以及其工作绩效考核结果来确定教师的薪酬，建立了科学合理的教师评价机制，旨在以分配绩效工资为契机，积极发挥评价对教师的激励和引领作用。这不仅注重教师教育教学“量”的达标，也重视教师个人“质”的培养与发展，有利于激发教师的工作热情，也有助于帮助教师发现自己的优势，并鼓励其付诸行动，努力将自身的优势不断扩大发展，加速教师的自我成长。

四、绩效赋能教师特质模型的借鉴价值

（一）引导县域教师塑造健全人格

随着社会经济的迅猛发展，我国对人才培养的要求越来越高。近年来，国家对教育进行深化改革，注重加强教师队伍建设和提升教师整体素质，加

① 范先佐，付卫东．义务教育教师绩效工资改革：背景、成效、问题与对策——基于对中部4省32县（市）的调查［J］．华中师范大学学报（人文社会科学版），2011（6）：128－137.

大了对教育事业的投入力度。绩效赋能教师特质模型把握了社会对教师日益提高的要求，重视教师个人素质的提升和健全人格的塑造。该模型以教师特质为切入点，将教师特质的培养与强化、健全人格的塑造与发展贯穿于教师的评价之中。一方面，对县域教师而言，如果其具备健全的人格、积极的心理态度和良好的道德品质，那么教师在对待教育教学工作时，就能尽力地扫除工作中的障碍，努力提升自我，完成自我实现。另一方面，学生的成长离不开教师，在评价中引导教师塑造健全人格，对学生的成长具有深刻的积极影响。因此，教师评价模型应注重引导教师关注自己健全人格的塑造，促进教师自觉进行职业发展。

（二）促进县域教师的个性化发展

关注教师的特质培养与发展，促进教师的个性化发展，是推动县域教师形成个人教育教学特色风格的有效途径。基于此，教师评价机制要能够尊重教师的个体差异，关注教师的个性特点，允许教师有自己的特质。这不仅对教师个人的特色发展具有激励作用，也对教师的多样化发展起到了促进作用。绩效赋能教师特质模型在对教师进行科学、全面评价的同时，充分考虑到了教师的个性化发展，通过教师特质与业绩的考核，能够针对性给予教师发展性评价，引导教师不仅要看到评价的结果，更要根据绩效评价的结果去进行自我反思，使县域教师关注自己的个性特点，进而帮助教师形成自己的个性化发展方案，促进县域教师进行特色发展。

（三）关注县域教师的长远发展

在教师评价模型的构建中，应根据县域学校教师的实际情况来进行评价，既要充分考虑教师已有的发展水平，又要着眼于教师的最近发展区。此外，制定的绩效评价不仅要能够满足教师的成长需求，而且要指引教师走向长远的发展。绩效赋能教师特质模型聚焦县域教师的长远发展，在教师评价目的上，该模型以绩效工资奖惩为手段，激励优秀教师继续奋斗，走向自我专业发展，警醒落后教师快速提升自我，向优秀教师学习；在教师评价原则上，该模型积极发挥激励导向作用，唤醒教师内心深处的成长动机，促进教师自觉做好个人发展规划；在教师评价主体上，该模型通过学生、教师、同事、领导等评价主体，从多个方面对教师进行评价，帮助县域教师认识到过去一段时间里自己存在的不足之处，明确今后的发展方向。这对县域教师而言，不仅有利于提升其对个人长远发展的重视程度，而且有助于县域教师形成长期的专业发展目标。

（四）发挥县域教师的最大潜力

教师是教育的主体，对教师的评价本质上是对教师工作的价值判断，具有导向性、诊断性、激励性的作用，有助于其专业发展和教学效能的提高。[①]同时，教师的劳动具有复杂性、持续性的特点，因此，在对教师进行评价的时候，必须充分考虑教师的劳动特征，建立科学化、规范化的教师评价机制，调动教师工作的积极性，将绩效赋能的激励导向作用充分发挥出来。绩效赋能教师特质模型坚持公平公正的绩效工资制度，着重对教师评价进行分析，能够帮助县域教师发现自己在教育教学工作中的潜力。这对调动县域教师的工作热情，提升县域教师工作能动性和核心竞争力有极大的促进作用。所以，教师评价模型应综合考虑教师的劳动特点，立足教师的专业发展，努力挖掘县域教师的潜力，为唤醒县域教师内在发展动力提供帮助。

第三节　绩效赋能的过程取向模型

构建绩效赋能与县域教师创新驱动发展的评价模型，对教师进行科学、

---

① 陈玉琨. 教育评价学［M］. 北京：人民教育出版社，1999：6.

合理的评价，是我国在新时代背景下提高教育质量的基石。绩效赋能的过程取向模型作为重要的评价模型之一，是激发教师工作积极性，提升教师内在奋斗动力，促进教师专业发展的有效途径。

一、绩效赋能过程取向模型的概念及内涵

（一）教师绩效赋能过程取向模型的概念

过程取向模型，最初源自美国学校对教师进行效能的评估，是美国常用的教师评价模型之一。它着重于过程，即关注在课堂情境中评价者或管理者能很容易观察到的教学过程，主要具有以下几个方面的优势：第一，评价所需要的指标是特定的行为，便于操作。第二，对于课堂中的要素来说是教师最为熟悉的，而描述课堂的要素对校长或其他评估者来说也并不陌生。第三，有助于促进基于研究的教学行为。① 但过程取向模型的缺点也显而易见：首先，带有较强的指示性，过程取向模型告诉教师哪些行为需要促进或评价，实际上是在引导教师往一个方向发展，客观上可能扼杀教师的教学个性和创造性；其次，可能会导致强调教学风格而忽视工作责任感。②

教师绩效赋能过程取向模型，是对美国教师评价过程取向模型的优化。一方面，它保留了美国教师评价过程取向模型易于操作、评价要素明确、促进教师教学行为的优点；另一方面，该模型改进了美国教师评价模型的不足之处，在评价过程中为教师提供发展建议时，充分尊重教师的主体地位，倾听教师的意见，鼓励教师的个性发展，同时重视培养教师责任心和积极的工作态度。具体而言，教师绩效赋能过程取向模型，是指在评价中，将教师的

---

① 孙炳海，申继亮．美国教师评价的发展历程与评价模型研究述评［J］．比较教育研究，2009（05）：73－76．

② 孙炳海，申继亮．美国教师评价的发展历程与评价模型研究述评［J］．比较教育研究，2009（05）：73－76．

工作薪酬与实际工作绩效相联系，把教师的教育教学工作作为绩效考核核心板块的一种教师评价模型。该模型旨在引导教师将更多的注意力投入到自身的教育教学工作中去，并在此过程中鼓励教师关注自身的成长以及积极寻找自我发展机会，从而促进教师走向高层次的发展。

（二）教师绩效赋能过程取向模型的内涵

绩效赋能过程取向模型不同于其他教师评价模型，它的内涵主要包括以下几方面：一是绩效赋能过程取向模型重视教师在教育教学中的实践过程，及时向被评价的教师反馈评价信息，强调教师在此过程中的收获，只要是有利于教师成长的，都对教师的行为进行相应的肯定与支持。二是绩效赋能过程取向模型作用持续时间长，相比其他评价，该模型重视教师的发展，注重对教师的教育教学提供指导和帮助，将教师评价贯穿于教师的教育教学过程中，有利于对教师产生深远的影响。三是绩效赋能过程取向模型强调教师评价结果的真实性，因此对评价者有一定的要求，作为评价者，需要具备扎实的学科专业知识，熟悉评价的指标和具体要求，能够对被评价的教师作出较为客观、公正的评价。四是绩效赋能过程取向模型将单纯的教师奖惩性评价和教师发展性评价有机结合，在注重教师实际工作业绩的同时，充分引导教师进行专业发展，促进教师教育教学水平的有效提升。

二、构建绩效赋能过程取向模型的意义

（一）扭转教师片面追求绩效的倾向

2009 年，我国《关于义务教育学校实施绩效工资的指导意见》明确指出义务教育教师的绩效工资包括基础性工资和奖励性工资，其中，基础性工资

占绩效工作总量的70%，奖励性工资占绩效工作总量的30%。① 这虽然在一定程度上激励了教师提高教育教学工作的积极性，但也导致了部分教师出现了片面追求绩效工资的倾向。这部分教师只看到了眼前的利益，在教育教学工作中抱有急功近利的思想，甚至不遵循教育教学规律，只为快速提升工作效率，因此削弱了绩效工资实施的意义。

绩效赋能过程取向模型的构建，有利于扭转教师片面追求绩效的倾向。从价值引领的角度来说，绩效赋能过程取向模型能够关注教师精神层面和物质层面的价值需求，在评价过程中引导教师不能单纯追求物质价值，更要将注意力放在精神价值层面上来，例如提升自我专业能力、促进自身专业发展、完成自我实现等；从教育管理的角度来说，绩效赋能过程取向模型明确了评价指标，对教师的教育教学提出了严格的要求，教师不仅要完成相应的教学工作量，而且要保证教育教学的质量，这对教师摆正职业态度、树立正确的绩效观具有重要作用。

（二）引导教师重视教育教学的反思

教育教学反思作为促进教师专业成长的一种方式，对教师提升自我专业能力、丰富教学经验具有极大的作用。然而，大多数学校并未对教师的教育教学反思给予高度重视。相关研究表明，有些学校的教师评价体系中没有教学反思的比重，对教师的教学反思起不到激励作用，客观上导致教师教学反思积极性不高②，这对教师的专业发展起到了明显的消极作用。

绩效赋能过程取向模型从教师的专业发展出发，注重通过绩效评价激发教师专业发展的内在动力。该模型在充分了解当前学校教师评价体系的基础上，明确了教师教学反思的重要性，并让这种教育教学反思在教案书写的工作评价中得以落实。这有利于引导教师重视教育教学的反思，培养反思的良

---

① 关于义务教育学校实施绩效工资的指导意见［J］. 师资建设（理论与政策版），2009（1）：33—34.

② 尹宗洪，韩加增，郎咸雷. 实施教学反思校本研究提升教师专业化发展能力的研究［J］. 现代职业教育，2021（26）：74—75.

好习惯。

（三）激励教师培养积极的工作态度

积极的工作态度对教师而言，具有重要意义。它不仅有利于教师不断打磨自己的教学方案，促使教师专注于教育教学工作，而且会对学生产生潜移默化的影响，促使学生提升对教师的满意程度，从而培养自己的学习兴趣。因此，引导教师培养积极的工作态度，无论是对教师个人，还是对学生而言，都产生了积极的影响。

绩效赋能过程取向模型，极为重视培养教师积极的工作态度，在评价中，强调教师的责任心和积极的工作态度并将其作为评价的重要考核要素。该模型旨在通过评价，及时向被评价的教师反馈其工作情况，由此激励教师培养积极的工作态度，提升教师的工作素养和能力，进而引导教师以最好的姿态全身心投入教育教学工作中，最终自觉承担起新时代为国育才、为党育人的重任。

三、教师绩效赋能过程取向模型的内容建设

（一）强调教师工作过程表现，提升教师工作素养

教师在工作过程中的具体表现，是验证教师的教学与预定教学目标是否相符的重要参考依据。一直以来，在教育评价方面，人们受到了泰勒目标取向的较大影响，认为将教师的教学行为量化，以此来判断是否达到预定的教学目标，才是准确、合理的评价。不可否认，这种目标取向评价能够引导教师朝着既定的目标去发展和提升自我，但也存在着明显的不足之处：一是只注重评价的结果，没有发现教师的努力过程，容易打击教师的工作热情和教学积极性；二是教育教学过程是受教师影响的，具有教学生成性，同时也忽

视了教师的发展潜力。

绩效赋能的过程取向模型，能够有效弥补泰勒目标取向的不足，并且充分体现出评价结果的客观性和准确性。该模型强调教师教育教学工作的过程，注重挖掘教师的发展潜力，并积极为教师寻求发展的机会。它从检查教师的教学方案、工作量以及教师在实际工作过程中的表现，来对教师形成具有针对性、发展性的评价，不仅考虑教师在教学过程中是否达到预定的教学目标，而且更多的是将目光放在教师“实际做了什么”“有什么可以提升之处”“有什么样的教学闪光点”等方面，更加强调教师在工作中凸显的价值。这对教师提供成长信息，鼓励教师提高工作热情、积极进行自我发展具有重要作用。同时，这有利于教师在关注评价结果的同时关注过程，真正通过评价回归到教育教学工作本身去发现自己的不足之处和发展优势，由此针对性地提升自己的工作素养和能力。

（二）坚持优绩优酬绩效原则，增强评价激励价值

我国义务教育教师绩效工资的实施，旨在让绩效评价达到激励教师提高工作热情，增强工作活力，促进教师专业发展的目的。在增强教师队伍活力的对策建议研究中，有学者提出，学校现有对奖励性绩效工资的调控幅度非常有限，应扩大学校对绩效的调控权，充分体现多劳多得、奖优奖勤的管理效益，发挥优绩优酬的正向激励作用，充分调动广大教师的工作积极性①。这给教师绩效赋能过程取向模型带来了极大的启示。

绩效赋能过程取向模型进一步完善了教师绩效工资分配制度，这主要体现在以下两个方面：一方面，以义务教育学校绩效工资实施为契机，将教师的评价考核结果与教师的薪酬挂钩，建立科学规范的教师分配机制，充分发挥绩效工资的激励导向作用，真正做到“干与不干不一样、干多干少不一样、干好干坏不一样”，引导教师明确绩效工资的分配方案；另一方面，坚持“优绩优酬、科学合理”的绩效评价原则，切实发挥绩效评价的激励与导向作用，

① 阳茂，杨晓彬．增强教师队伍活力的对策及建议［J］．四川教育，2020（19）：6—7.

激励教师努力工作，积极完成各项工作任务，在工作中不断提升自我。总而言之，该模型为强化教师树立积极的工作意识，增强立德树人的坚定信念起到了极大的激励作用，相比其他评价而言，切实增强了评价的激励价值。

（三）明确过程取向绩效指标，强化教师敬业意识

2018年，中共中央国务院印发《关于全面深化新时代教师队伍建设改革的意见》，提出“深化中小学教师考核评价制度改革”，对于教师评价提出“进一步完善职称评价标准，建立符合中小学教师岗位特点的考核评价指标体系，坚持德才兼备、全面考核，突出教育教学实绩，引导教师潜心教书育人”。①

绩效赋能过程取向模型充分领会了国家政策文件的要求，从县域教师的实际情况出发，合理确定绩效评价的内容，制定了科学、明确、具有操作性的绩效评价指标，并设置了相应的权重。该模型的评价采用量化评价和质性评价相结合的方式对教师进行绩效评价，教师的绩效指标主要包括考勤（上课、坐班、教师会议、业务学习、科组教研活动、监考）、教育教学工作量（科任教师工作量要求、加班节数）、教育教学过程（工作岗位职责履行情况、安全管理职责履行情况、工作态度、责任心）、教育教学业绩、加分项（班主任工作、自修辅导、初三训练、升旗、早读、评优、承担对外公开课）等。明确教师绩效赋能过程取向模型的绩效评价指标，有利于考核教师在备、教、批、辅、考、研等常规教学落实情况和教研活动参与及任务完成情况。这对促进教师明确自身工作任务，提高爱岗敬业意识具有重要作用。

以广东省廉江市第八中学为例，绩效赋能过程取向模型，主要有如下指标，如表2—6所示。

① 中共中央国务院关于全面深化新时代教师队伍建设改革的意见［EB/OL］. 2018—01—31. http://www.gov.cn/zhengce/2018—01/31/content_5262659.htm.

表 2—6　绩效赋能过程取向模型绩效指标

一级绩效指标	二级绩效指标	具体要求
考勤（10 分）	上课	迟到早退者，每 1 次扣 0.5 分，旷 1 次扣 1.5 分；请假必须履行书面请假手续，否则当旷课处理；私自调课但又没有老师上课的，两个老师当旷课处理。
	坐班	
	教师会议	
	业务学习	
	科组教研活动	
	监考	
教育教学工作量（50 分）	科任教师工作量要求	每周 10 节：语、数、英
		每周 12 节：物、化、政、历、地、生、体、班会
		每周 14 节：音乐、美术、综合实践、信息技术、自习
	加班节数	值日领导：每周加 8 节
		班主任：每周加 6 节
		科组长：每周加 1 节
教育教学过程（20 分）	教案分值	完成的计 5 分，评为优秀教案的得满分 6 分，备课较马虎的 2 分，不写教案的 0 分并通报批评
	作业分值	能按照规定完成作业批改工作量的得满分 10 分，作文、检测每少 1 次扣 2 分，作业每少一次扣 1 分，扣完为止；无作业批改的科目的教师本项得分为 3 分；作业批改存在弄虚作假并经查实的该项扣 5 分
	学校集中收取各项资料	如计划、总结、论文、听课记录等，每少一项扣 1 分，扣完为止

续表

一级绩效指标	二级绩效指标	具体要求
教育教学业绩（20分）	文科	对同一班级的平均分进行名次比较，名次排名分值依次是：20、18、16、14，不参加期末考试的科目的教师本项得分为17分
	理科	
加分项	班主任工作	以"双优文明班"评比为考核，A类班级每月按名次奖励290元、270元、260元，B类班级每月按名次奖励300元、280元、270元、260元、250元，值日领导每月奖励300元
	自修辅导	每节15元
	初三训练	体育老师每次15元，班主任每次10元
	升旗、早读辅导	每次10元
	年度考核、评优（市级以上）	加2分
	承担对外公开课	加2分
附：1. 教育教学工作量计算公式： 工作量得分=周实际工作量÷科目标准工作量×50分； 2. 教育教学过程主要考核教职工在教育教学过程中的工作岗位职责及安全管理职责履行情况、工作态度、责任心； 3. 奖励性绩效工资的计算公式： 教职工个人奖励性绩效工资额=全校奖励性绩效工资总额÷全校绩效考核得分总和×教职工个人绩效考核得分。		

（四）尊重教师的主体能动性，激发教师工作热情

当前，在教师评价领域，一些学校等所倡导的教师自我设计评价、档案

袋评价、展示性评价等，从表面上看，主要是改变了评价的方式方法；其实质性的努力，是希望逐步提升教师在专业发展评价中的主体性。[①] 但正如研究者指出的，教师在专业发展中主体性的真正发挥，依赖于学校管理文化的深刻变革。[②]

教师评价作为学校文化的一种重要管理手段，对于教师提高自己的教育教学质量具有重要的作用和意义。同时，这是增强教师主体能动性的有效途径。绩效赋能过程取向模型充分把握了这一要点，从教师的日常教育教学工作入手，采用质性与量化相结合的方式进行教师评价，并且在评价中注重教师的实践过程，关注教师的每一次成长。另外，该模型注重教师参与到评价中来，与评价者一起发现影响自己进行专业发展的因素，在此过程中，允许教师积极发表自己的观点。这对尊重教师主体能动性，激发教师的工作热情具有促进作用。

四、绩效赋能过程取向模型的借鉴价值

（一）提供县域教师专业发展指导

县域教师专业发展水平整体提升是县域基础教育实现高质量发展的关键，当前，县域教师专业发展缺乏整体规划、教师内驱力不足等是县域教师专业发展整体提升必须解决的现实问题。[③] 绩效赋能过程取向模型关注了县域教师专业发展的现实困境。为突破这样的困境，该模型着重对教师进行客观、针

---

① 王国明. 从业绩考核到专业发展评价：中小学教师评价机制研究［J］. 贵州师范大学学报（社会科学版），2019（03）：72—80.

② 陈佑清. 在创造性的教育实践中促进教师主体性发展［J］. 湖北教育，2010（9）：27.

③ 廖益，赵三银，徐剑，黄华明，黄德群，孙家明. 二精准三主线四联动：县域教师专业发展模式的探索与实践［J］. 韶关学院学报，2021（05）：57—64.

对性的评价，对于不同的教师，评价者所提出的建议亦有所不同。但这些给予县域教师的建议，都有着共同的特点，即“回顾教师过去的发展，立足教师当下的发展，展望教师未来的发展”。在教师发展感到迷茫之时，通过评价及时向教师反馈情况，引导教师发现自我专业发展中的问题，并为教师提供咨询促进自我专业发展的途径，鼓励教师自觉走向专业发展的快车道。

（二）激励县域教师积极主动创新

激励县域教师积极主动创新是绩效赋能过程取向模型较为突出的一大特点。该模型在评价中，尊重教师的主体能动性，关注教师教育教学的过程，能够引导教师积极构建教学思维，更新教学理念，根据学生的特点创新教学方式。同时，该评价重视教师的收获，只要是有利于教师成长的，都对教师的行为进行相应的肯定与支持，这不仅有利于快速提高教师的工作积极性，也对教师不断反思自己的教学过程，培养创新能力和不断打磨与完善教学方案起到促进作用。因此，绩效赋能过程取向模型能够起到激励教师主动创新和发展的作用，这对促进县域教师创新驱动发展具有较好的借鉴意义。

（三）关注县域教师动态发展情况

绩效赋能过程取向模型强调教师的发展过程，其要义是引导教师不把全部的目光放在评价的结果上，而是将目光转向自己的专业发展过程。该模型充分体现了教师评价的目的，它是由传统的追求绩效向促进教师自身的专业发展、提高教师工作积极性转变的过程，不仅打破了传统教师评价的片面追求绩效的功利主义壁垒，而且极为重视县域教师的动态发展情况，有效保证了教师评价的质量。同时，该模型也起到了监督引领作用，对于教师动态的发展状况，该模型能够及时给予调控，帮助教师做好自我发展规划，从而引导教师走向更好的成长道路。

第三章　绩效赋能与县域学校教师创新驱动发展的评价工具

教师的外在行为和内在素质构成了教师评价的全部内容，但这两者都具有多样性的特点，因此使用合适的教师评价工具极为重要。合适的评价工具能够给予教师较为科学、全面、客观的评价，有利于帮助教师更好地了解和认识自己，引导教师将更多的精力放在教育教学上来，从而促进教师走向创新驱动发展。

第一节　绩效赋能的教师外在行为评价

外在行为作为教师评价的重要内容，对现阶段提高教育教学质量，促进教师形成专业发展意识具有极为重要的意义。本节将从概念内容、基本原则、工具选择以及现实意义四个方面来详细介绍绩效赋能的教师外在行为评价，以期为县域学校的教师外在行为评价提供参考。

一、绩效赋能的教师外在行为评价

教师评价体系涵盖了教师外在行为评价和教师内在素质评价，教师外在行为评价是相对于教师内在素质评价而言的。那么，何为绩效赋能的教师外在行为评价呢？

（一）绩效赋能教师外在行为评价的概念

依据教师的职业特点，教师外在行为评价实际上是指学校对教师在日常工作中所表现出来的行为进行相关的评价，主要是对教师的教育教学行为实施评价。而绩效赋能的教师外在行为评价，与一般的教师外在行为评价有所不同，它强调在这些外在行为评价中，激发教师的发展动力，唤醒教师的工作热情，提升教师的工作积极性。因此，绩效赋能的教师外在行为评价不仅需要遵循更高的评价原则，而且对评价工具的选择更为重视。

具体而言，绩效赋能教师外在行为评价是指通过教师外在行为表现与教师绩效工资挂钩的手段，对教师的课程教学与学生管理进行量化的评价。在评价过程中，需适时对教师的行为进行反馈，注重激发教师的内生动力，引导教师在不断提高自己的工作业绩时，提高自身的教育教学水平。

（二）绩效赋能教师外在行为评价的内容

在教师研究领域，无论是理论工作者还是实践工作者，一直认为课堂教学是教师的根本职责。① 但随着新课程改革的不断深入，以知识传递为主的课堂教学已经不能满足学生全面发展的需求，还对教师有了进一步的要求，不仅要求教师要做好课堂教学的工作，还要求教师能够有效处理学生出现的心理问题，即对学生实施心理健康教育。② 同时，受到外界发展多种因素的影响，学生的各种各样的心理问题随之而来，这需要教师掌握有效的心理辅导方法，才能更好引导学生健康成长。另外，教学作为一种有目的、有计划、有组织的教育活动，教师不仅要做好传道解惑者的相关工作，还需要承担起课堂管理者、学生管理者的责任，对于个别学生，教师应加以重视，及时发现学生存在的问题并对其进行辅导与教育，激励学生往好的方面发展。

基于此，绩效赋能的教师外在行为评价的内容主要包括以下四个方面：一是教师教育教学行为评价，这关系教师的自我专业发展，学校主要是对教师每个学期的工作量进行考察，对教师的教学过程、教案、学生作业批改进行考核与评价。二是教师心理健康辅导评价，主要是对教师是否关注学生的心理需求并采取相关的行动以及每个学期对学生心理辅导的次数来进行考核与评价。三是教师管理行为评价，着重于对教师的课堂管理、时间管理、资源管理进行评价。四是教师个别学生辅导评价，主要是对教师进行学生辅导的人数与次数进行评价。这些评价，构建起了较为完整的教师外在行为评价体系，不仅反映出了教师的职业特点，也涵盖了教师的工作责任，有利于对教师外在行为实施客观、全面、合理的评价，鼓励教师积极提升自我，从而

---

① 张学民，申继亮，林崇德．小学教师课堂教学能力构成的研究［J］．心理发展与教育，2003（03）：68－72．

② 申继亮，孙炳海．教师评价内容体系之重建［J］．华东师范大学学报（教育科学版），2008（02）：38－43．

促进教师完成由工作外动力驱动向工作内动力驱动的转变。

二、绩效赋能教师外在行为评价的基本原则

依据绩效赋能教师外在行为评价的内容，绩效赋能的教师外在行为评价需要遵循以下四大基本原则。

（一）科学性原则

任何没有了科学性的教师评价都是无稽之谈，在绩效赋能教师评价中，科学性原则是首要遵循的评价原则。这里的科学性原则包括两大含义。

一是绩效赋能教师外在行为评价的理论依据具有科学性。这要求在教师评价过程中，教师的评价标准、评价方案、评价指标、评价工具等要与教育教学规律、教师的职业特点相吻合，确保对教师作出的绩效评价是客观的、科学的、可靠的。这有利于教师获得科学的评价，实现评价的激励和导向作用，进而促进教师朝着正确的方向不断提升自我。二是绩效赋能教师外在行为评价的管理工作，需要持有科学的评价态度，并以客观事实为评价依据，将绩效工资考核分配的全过程在学校进行公开，切实做到公平、公正、透明。这对教师了解评价结果，树立积极的绩效观有重要作用。

（二）实际性原则

实际性原则，这里又可以称为可行性原则。要发挥教师评价的激励作用，需要充分考虑所设计的评价方案、评价标准、评价指标是否与教师实际发展情况相吻合，这不仅要体现出教师评价的普遍要求，而且要充分考虑学校所处的环境和教师的现有发展水平，以确保教师评价的实际操作性，使教师评价方便有效。

绩效赋能教师外在行为评价的实际性原则，在学习国内外学校教师评价的基础上，及时进行总结与反思，避免了盲目效仿其他学校的做法而制定出一些脱离学校自身实际的评价方案与标准。它不仅真正考虑学校的实际情况、教师的发展现状，还要求在评价过程中做到实事求是。这是教师评价的关键原则，也是引导教师进行自我专业发展的前提。贯彻实际性原则，既充分考虑了教师现有的水平，也着眼于教师的最近发展区，关注教师未来的发展，这对教师个人的成长具有潜在的影响作用，能够给予教师有效的评价，对提高教师工作积极性具有重要意义。

（三）激励性原则

王斌华教授认为，如果一个人得到充分的激励，就能够发挥90％以上的能力，教师评价可以让教师看到自己的成绩和特点、优点与缺陷，进一步认识到自己工作的意义和价值，从而产生荣誉感、自豪感，激发出巨大的工作热情①。这对绩效赋能教师外在行为评价带来了极大的启发。绩效赋能教师外在行为评价遵循激励性原则，它不仅构建了合理的评价指标体系，对各指标进行量化，并且指标都具有相应的标准，包括一般标准与优秀标准。一般标准是指教师普遍能够达到的层次，而优秀标准是指教师经过努力提升自我以后的所能达到的发展层次。这些评价指标及标准的设置，有利于教师在明确评价指标的同时，发现自身的优点与不足。与此同时，绩效与自身工作相关联的方法，能够充分发挥激励作用，由此激励教师提升工作热情，促进教师积极迎接挑战，为实现提升自我专业发展水平而努力奋斗。

（四）导向性原则

教师外在行为评价的目的在于通过评价鼓励教师继续发扬优点，改进自

① 王斌华. 教师评价：绩效管理与专业发展［M］. 上海：上海教育出版社，2005：22－23.

身的不足之处。导向性原则是绩效赋能教师外在行为评价始终坚持的原则之一，倘若毫无导向性，对教师评价而言，则失去了原本的意义与价值，也让教师评价陷入形式化、机械化的误区，难以关注教师自身专业发展的需求，也无法对教师现有的问题起到改善作用，这十分不利于教师日后的发展。因此，绩效赋能教师外在行为评价在评价过程中，不仅及时向被评价的教师反馈评价信息，而且向其表达学校的要求与期望，帮助教师找到自己的发展方向，从而制定更合理的专业发展计划，真正做到发挥评价的导向作用，促进教师自我发展。

三、绩效赋能教师外在行为评价的工具选择

为确保教师外在行为评价的有效开展，激发教师的工作热情，促进教师形成内在发展动力，需要采取多元化的外在行为评价工具。基于此，该评价在充分考虑教师职业特点以及外在评价特征的基础上，选择了教学观察、问卷与规量、定期测试、行政检查等多种评价工具。

（一）教学观察

教学观察对教师评价来说具有极其重要的意义，它不仅是对教师进行教学评价的重要手段，更是教师教学诊断的有效途径。在课堂教学评价方面，教学观察是指研究者（观察者）带着明确的研究目的，巧借自身感官（眼、耳等）以及有关辅助工具（观察表、观察录像设备等），直接或间接从课堂教学情境中收集资料，并依据资料做相应研究的一种教育科学研究方法。①

而在教师评价方面，教学观察是指在明确学科教学原理和遵循教育规律的基础上，对被评价的教师进行课堂教学观察，借助评价量表，对教师在课

① 张广才．语文课堂教学对学生评价的研究［D］．南昌：江西师范大学，2005.

堂上所表现出的教学行为进行客观的评价。作为教师外在行为评价的常用的手段之一，教学观察主要有以下表现：一方面，专家听课，边听边观察教师，观察学生，并进行记录；通过课堂的观察，发现教师教学中存在的问题，评价结果具有针对性。另一方面，教师作为课堂活动的组织者，能充分体现教师的专业能力，俗话说“行家伸伸手，便知有没有”，充分体现观察的效力。① 因此，选择教学观察作为评价工具，有利于针对性地解决教师外在行为存在的问题。

（二）问卷与量规

在教师外在行为评价中，由于考虑评价的客观性，往往会采用评价主体多元化的方式对教师进行评价。但学生作为教师评价的主体之一，涉及的人数较多，在对教师进行评价时，往往会因为教师的权威性感到害怕，由此对教师作出的评价大多数都是偏向于正面的，对教师作出负面评价的相对较少，这在一定程度上会导致教师获得的评价缺乏真实性。同样的，当教师的同事作为评价主体时，部分教师出于社交以及人情世故的考虑，对教师作出了失真的评价。

为了提高教师评价的科学性和有效性，绩效赋能教师外在行为评价选择了问卷与规量作为评价工具。这种评价工具主要是通过对评价主体实行匿名的方式，来打消评价主体的顾虑，以此避免教师评价受到外在因素的影响，既保护了评价者的隐私，又提高了教师评价的信效度。同时，以问卷与规量作为评价工具，不仅明确了评价的指标，提供了统一的评价标准，而且更真切地了解到教师的日常教学情况、管理行为，具有较强的操作性。

（三）定期测试

在绩效赋能教师外在行为评价中，定期测试是指定期组织教师进行测试，

① 张钧. 唤醒专业自觉的中学教师评价研究［D］. 长春：东北师范大学，2016.

这些测试包括专业知识与能力测试、心理知识测试、行为选择测试等，同时定期对学生开展心理健康测试、学业水平测试。定期测试不仅能够对教师自身的外在行为进行考察，也能了解教师对专业知识的掌握程度。定期测试作为绩效赋能教师外在行为评价的工具之一，具有其独特的优势。相比教学观察、问卷与规量，定期测试对教师评价而言，是一个具有阶段性的外在行为总结与评价，更容易对教师近段时间以来所表现出的外在行为问题进行评价与诊断，从而为教师的外在行为表现提供针对性的建议。同时，定期测试能够激发教师的学习欲望，提升教师的自我专业发展意识，在教师外在行为评价方面颇具价值与意义。

（四）行政检查

在教师外在行为评价方面，行政检查是指学校领导对教师教育教学工作进行检查与考核，该评价工具与教师的绩效工资挂钩，主要检查的内容包括教师上课、会议、教研活动的出勤情况，每学期的教学工作量、学生作业批改、备课工作、心理辅导次数以及常规教育教学情况。该评价工具以量化的方式对教师的工作进行考核，以教师现有的表现作为评价的重要依据，既能对教师日常的工作作出较为客观、真实的评价，也能让教师发现自己的问题，为教师提供自我发展的能力，从而及时改进自身的不足。但同时，行政检查作为一种评价工具，也存在着它的不足之处，它可能会使教师因为行政检查，给自己带来较大的心理负担，而机械地完成教学工作，不利于对教师自身的发展，这需要在教师评价时注意对教师进行正确的引导。

在绩效赋能的教师外在行为评价中，这些评价工具的结合使用，有利于更好地捕捉教师在自我专业发展中的问题，促进教师积极投入到工作中，实现创新驱动发展。

四、绩效赋能教师外在行为评价的现实意义

建设专业化的教师队伍，是县域学校发展的迫切需要。而专业化教师队伍的建设需要以教师的绩效评价为杠杆，由此积极发挥激励导向作用，引导教师不断提升自我专业水平。绩效赋能的教师外在行为评价作为教师评价的重要组成部分，对促进教师专业发展和教师专业队伍建设具有极其重要的现实意义。

（一）积极发挥学校管理的督促作用

绩效赋能的教师外在行为评价不仅是激发教师自我发展动力的途径之一，更是学校对教师进行教育教学管理的重要手段。其评价范围涵盖教师教育教学、心理健康辅导、个别学生辅导、教师管理行为等方面内容，同时与教师的工作薪酬、职位晋升有着密切的关系。具有导向和激励作用的教师外在行为评价，不仅能对教师的专业发展起着指挥棒的作用，更是积极发挥了学校对教师管理的督促作用，既充分体现学校在绩效赋能外在行为评价的实践过程中“绩”与“效”并重的特点，也能够有效缓解教师在评价中的抵触情绪，有效提高了教师的完成评价与自身教育工作的主动性，这对学校的教师管理工作具有极大的促进作用。

（二）引导教师投入更多的工作精力

教师的服务对象是处于成长状态的鲜活的有思维的生命个体，这一职业需要有较强的专业性，教师要自觉承担起学生成长的唤醒者、助推者、引领

者和陪伴者的角色。① 这表明教师这个职业是复杂且需要耗费大量精力的，因此，在教师评价过程中，评价者需要引导教师以最好的姿态投身教育工作。而在绩效赋能教师外在行为评价中，通过对教师的外在行为进行评价与反馈，有利于教师把评价的关注点放在工作上。同时，绩效赋能教师外在行为评价在于对教师的工作进行价值衡量，更在于以教师外在行为评价为支点，帮助教师明确自身的职责。这对激励教师将评价结果内化为提高自我的发展动力，引导教师投入更多的工作精力具有重要的现实意义。

（三）促进教师提高自身的教学质量

教师的教学质量受到众多外部因素的影响，教师评价作为影响教师教学质量的因素之一，有着不容小觑的作用。教师评价的相关研究表明，提升教师教学质量的突破口在于改革教师评价体系，即将奖励性评价与发展性评价相结合。② 基于此，绩效赋能的教师外在行为评价，主要是通过对教师实施统一标准、多元评价主体、多元评价工具的外在行为评价，以评价结果与绩效工资直接联系为抓手，实现奖励性评价与发展性评价的有机结合。由此，引导教师明确自己的角色定位，促使教师对自己所表现出的行为进行反思，并鼓励教师在今后的教育实践中改正自身的不足，从而持久有效地促进教师提高自身的教学质量。这对教师提高自身角色认同，明确自身责任，提高教育教学质量具有重要意义。

（四）助力教师形成专业发展的意识

教师专业发展意识是影响新时代人才培养质量的关键性因素，也是激励教师明确自身奋斗目标，并为之积极提升自我、不断努力奋斗的内在动力。

---

① 张钧，李桢．唤醒教师专业自觉的教师评价机制改进［J］．中国教育学刊，2015（04）：84—87.

② 韦薇．改革教师评价体系：提升高校课堂教学质量的突破口［J］．重庆高教研究，2015（06）：82—86，108.

因此，引导教师树立专业发展的意识尤为重要。绩效赋能的教师外在行为评价，能够及时为外在行为表现不佳的教师提供评价信息与发展建议，从而引导教师明确工作目标，并形成立足当下、奋斗未来的发展意识。在该评价中，无论是对教师外在行为评价的内容、评价的基本原则，还是教师外在行为评价所选择的多元评价工具，都有助于教师形成专业发展意识，这对唤醒教师的专业自觉具有重要的引领作用。

第二节　绩效赋能的教师内在素质评价

近年来，国家不仅密切关注教师的外在行为表现，而且越来越注重提升教师内在素质。教师的绩效考核与评价强调的是教师外在行为与内在素质的综合表现，内在素质作为教师评价的另一重要内容，是激发教师发挥潜能、提高教师创新能力的关键因素。本节将分别介绍绩效赋能教师内在素质评价的概念内容、基本原则、工具选择以及现实意义，希望能够为县域学校的教师内在素质评价提供一定的借鉴作用。

一、绩效赋能的教师内在素质评价

对教师进行内在素质评价不仅有利于教师培养独特的人格魅力，而且有利于推动教育教学质量的提升。那么何为绩效赋能的教师内在素质评价呢？

（一）绩效赋能教师内在素质评价的概念

教师内在素质评价，顾名思义就是对教师的内在素质进行评价。而绩效赋能教师内在素质评价，与简单的教师内在素质评价不同，它不是为了评价而评价，而是一种以唤醒教师内在发展动力为目的的评价。

具体而言，绩效赋能的教师内在素质评价，是对教师的隐性因素进行评价，如教师的学习能力、责任心、上进心、事业心、自信心等方面进行评价，较为注重教师的个人体验和感受，关注教师的思想动态。内在素质评价以绩效工资为手段，吸引教师提升自己的内在素质，端正工作态度，从而使教师获得较高的绩效工资和内在的发展动力。

（二）绩效赋能教师内在素质评价的内容

2020年秋，中共中央国务院印发的《深化新时代教育评价改革总体方案》指出："坚持把师德师风作为第一标准。坚决克服重科研轻教学、重教书轻育人等现象，把师德表现作为教师资格定期注册、业绩考核、职称评聘、评优奖励首要要求，强化教师思想政治素质考察，推动师德师风建设常态化、长效化。健全教师荣誉制度，发挥典型示范引领作用。全面落实新时代幼儿园、中小学、高校教师职业行为准则，建立师德失范行为通报警示制度。对出现严重师德师风问题的教师，探索实施教育全行业禁入制度。"这充分表明，师德师风是教师教书育人的根本所在，对教师进行内在素质评价是时代所需，也是当前促进教师专业化队伍建设的有力抓手。通过对教师的内在素质进行评价，引导教师进行自我素质诊断，帮助教师树立良好的师德师风，这无论是对教师自身的发展还是对学生的成长都有着极大的积极意义。

但是对绩效赋能教师内在素质进行评价，并不容易，这是因为相对于教师外在行为而言，教师的内在素质是隐性的，因此，在对教师进行内在素质评价时，需要明确教师内在素质的内容。有学者指出，教师的内在素质包括思想政治素质、道德素质、文化素质、能力素质和心理素质等。①

考虑到评价的实际性，绩效赋能教师内在素质评价主要包括以下四个方面的内容。

---

① 苏玲."教师职业技能训练"课程设想［J］.曲靖师专学报，1991（03）：34—35，37.

一是教师自身的职业理想与规划。这是教师投身于教育事业的动力源泉，教师要干好教育工作，首先要有强烈而持久的教育动机，有很高的工作积极性，很难设想一个对教育工作毫无兴趣的人，一个见到学生就心烦的人，会努力完成好教育教学工作。[①] 同时，有着清晰的职业规划，更有利于教师个人的发展。这一内在素质的评价内容，主要是让教师在及时获得评价结果与建议的同时，对自身的职业有清晰的认识，并且明确自身未来的发展道路，为教师提供充足的内在发展动力。

二是教师的知识广度与深度。教师的知识广度与深度能够直接反映教师自身的知识水平，从而关系教师教育教学的质量以及教育教学工作的顺利开展。在绩效赋能教师内在素质评价中，对教师知识的评价包括专业知识、实践知识、生活知识。教师的知识广度与深度作为评价内容之一，充分考虑了教师知识水平对教育工作的重要性，同时，对教师的专业知识广度与深度进行评价，有利于促进教师不断研习，提高自身的专业知识与能力；对教师的实践知识进行广度与深度的评价，有利于帮助教师积累教育教学经验，为教师个人的成长打下基础；对教师的生活知识进行评价，有利于教师在处理学生事务尤其是安全教育课上，作出正确的判断。

三是教师的职业道德。教师的职业道德是教师从事教育工作需要遵循的道德规范和道德品质。习近平总书记也提出要全面落实大中小学教师的职业道德规范，建立覆盖各级各类学校的师德建设长效机制体系，推进师德建设进入制度化、规范化轨道。[②] 这给绩效赋能教师内在素质评价带来了很多的思考。该评价将教师职业道德设置为评价内容，旨在通过绩效与教师的职业道德相联系，促进教师提高对自身职业的认同感和归属感。同时，该评价内容的设置，有利于让教师将职业道德铭记于心，引导教师以正确的态度和作风投入教育教学工作中，从而促进教师加强自身的职业道德修养，做好教育事业。

---

① 林崇德，申继亮，辛涛．教师素质的构成及其培养途径［J］．中国教育学刊，1996（06）：16－22.

② 殷玉新，楚婷．优秀教师具有怎样的道德素养？——基于对 71 名美国“年度教师”的深度分析［J］．比较教育学报，2021（04）：120－132.

四是教师的学习能力。随着社会的不断发展，知识更新的速度越来越快，教师需要通过不断地学习，给自己进行充电，才能够及时更新自己的知识结构，摒弃不恰当的教育观念，学习新的教育教学方法与理念，从而为学生带来更好的课堂体验，有效提升自己的教学质量。基于此，绩效赋能的教师内在素质评价将学习能力作为评价的重要内容。这一评价内容，强调的是教师要树立终身学习意识，对教师现有的学习能力进行评价，旨在引导教师不断提高自身的学习效率和学习能力。

二、绩效赋能教师内在素质评价的基本原则

依据绩效赋能教师内在素质评价的内容，绩效赋能的教师内在素质评价需要遵循以下基本原则。

（一）客观性原则

客观性原则是绩效赋能教师内在素质评价最先遵循的评价原则。客观性原则是指在尊重客观事实的基础上，对教师的内在素质进行客观的评价，拒绝评价者的主观随意性。客观性原则在绩效赋能教师内在素质评价中具有以下表现：一方面，为了避免评价者对教师内在素质的主观臆断，该评价选择了多元化的评价主体和评价工具，同时强调教师在评价过程中的主体地位，关注教师对自身素质的认识与评价。另一方面，该评价有着明确的评价目的与评价标准，它要求评价者坚持客观、公正的态度来对教师进行评价。

（二）发展性原则

绩效赋能教师内在素质评价需要遵循发展性原则。在客观性原则的基础之上，教师评价要发挥对教师发展的引导作用，不仅关注教师自身的当前表

现，更注重教师的长期发展。① 这意味着对教师作出的内在素质评价要能够为教师未来个人的发展提供方向与动力。绩效赋能的教师内在素质评价，主要是以评价为手段，实现对教师自觉进行专业发展的引导，从而不断提高教师的素质与能力。

（三）反馈性原则

相关研究指出，教师评价应该根据教师的现状和教师个人发展目标，通过给教师提供丰富、科学、详细的诊断性信息，帮助教师思考专业发展路径、发展方法、发展空间，促进教师自身素质的提高，从而提高教师提升岗位素质的能力。② 绩效赋能教师内在素质评价认识到评价反馈的重要性，在评价中始终遵循反馈性原则，即大力发挥评价的检测与诊断作用，充分利用教师内在素质的评价结果，将其反馈给被评价的教师，帮助其准确地对自身的不足进行反思与改进。同时，结合教师的实际情况，尊重教师的个体差异，为教师提供适合自身的发展建议。

（四）驱动性原则

驱动性原则是绩效赋能教师内在素质评价需要遵循的重要原则。它是指在教师内在素质评价过程中，评价者去发现教师的闪光点，对教师已有的良好素质进行肯定，给予教师精神上的支持，同时在绩效方面给予物质性奖励，由此驱动教师积极发扬自身的优势，在日常的教育工作中贯彻良好的工作态度，从而形成优秀的工作作风。

---

① 王健. 新课程方案下普通高中教师评价原则初探［J］. 新课程，2020（7）：34—35.

② 王健. 新课程方案下普通高中教师评价原则初探［J］. 新课程，2020（7）：34—35.

三、绩效赋能教师内在素质评价的工具选择

教师内在素质评价，是对教师内在的品质进行考核与评价，这对教师评价而言，不仅增加了评价的难度，也提高了对评价工具的要求。因此，绩效赋能教师内在素质评价，在明确教师内在素质评价内容和基本原则的基础上，选择了访谈、档案袋、心理测验以及自陈问卷等评价工具，以确保教师内在素质评价的客观性和有效性。

（一）访谈

访谈是教师内在素质评价的常用工具之一，在绩效赋能教师内在素质评价中主要采用现场访谈的方式来对教师进行交流与评价。采用访谈的评价工具，是为了评价者与教师进行深度的交流，并在这种交流中引导教师谈及自身的职业理想与规划，了解被评价教师的职业道德等方面的内容，由此初步判断教师的内在素质情况。在访谈的过程中，需要评价者对访谈的内容有一定的规划，并具有根据教师的回答情况灵活调整访谈问题的能力。

因此，在绩效赋能教师内在素质评价中，通常采用的是半结构化访谈。这里的半结构化是指在访谈过程中，对访谈有一定的控制作用，但允许受访者积极参与的一种访谈方式，它可以根据受访者的表现，对访谈内容进行灵活调整。[①] 这有利于对教师的内在素质有更深入的了解与评价。

（二）档案袋

在绩效赋能教师内在素质评价中，档案袋作为评价的重要工具，不仅能

---

① 陈向明. 质的研究方法与社会科学研究［M］. 北京：教育科学出版社，2000.

够真实地反映教师的内在素质水平，而且对教师个人的成长具有较好的促进作用。教师个人的发展是一个漫长的过程，因此，利用档案袋的评价工具，建立起教师的个人发展档案袋，不失为教师内在素质评价的有效方法。同时，建立教师的个人发展档案袋，在档案袋中定期存放教师的教学作品、教学关键事件记录、优秀论文、教育教学反思、教学精彩剪影、荣誉证书。这些内容保证了教师个人内在素质得到较好的体现，不仅有利于评价者对教师的内在素质作出恰当的评价，也有利于教师回顾自身的专业发展历程，并找到未来发展的方向。

（三）心理测验

心理测验是绩效赋能教师内在素质评价效率最高的工具。它主要是依据心理学原理，通过心理学的方法与手段，对被评价者设计相关的测验问题与流程。被评价的教师需要根据一定的要求完成测验，这些测验能够反映出教师的心理特征、个人风格、知识水平、性格特质、学习能力、发展潜力等教师的综合素质情况。心理测验这一评价工具，既能够让教师的内在素质在短时间里得到充分的表现，也有利于评价者根据教师的测验反应，迅速对教师的内在素质进行诊断与反馈。

（四）自陈问卷

自陈问卷作为常用的自我评估工具，不仅可以评价教师的外在行为表现，而且可以对教师的内在素质，如工作动机、职业目标、职业倾向、职业道德、工作感受等多个维度进行相关的测量与评价。在绩效赋能教师内在素质评价中，评价者确定好问卷的维度，然后让教师根据自身的实际情况来填写问卷，从教师的问卷中可以判断教师对教育工作的投入程度、教师现有的内在素质水平，也可以帮助教师进行自我评估，同时引导教师养成自我评价的习惯。

以上四种评价工具的使用，有利于让教师的内在素质获得更准确的评价。更为重要的是，这些评价工具的使用，能够帮助教师更好地发现自身存在的不足之处，从而促进教师不断提高自身的内在素质。

四、绩效赋能教师内在素质评价的现实意义

以教师的工作绩效为杠杆，增强教师提高自身素质的内在动力，这对教师个人的发展具有重要的现实意义。

（一）促进教师形成内在动力系统

内在动力是激发教师工作热情、提高教师工作积极性的根本因素，因此，在教师评价中充分发挥激励作用，促进教师形成内在动力系统，对教师自身的专业发展具有重要意义。在绩效赋能教师内在素质评价中，对教师的内在素质进行评价，一方面，有利于教师明确自身的良好品质并继续保持；另一方面，在评价中，教师能够认识到自身内在素质水平还需提高的地方，同时，绩效工资的手段，能够促进教师将追求高绩效工资与提高自身内在素质联系在一起，由此驱动教师不断寻找自身的发展动力，进而形成增强教师职业认同、树立教师职业理想、提高教师工作积极性、培养教师事业心的强大的内在动力系统。

（二）帮助教师明确专业成长目标

教师的专业成长是教师的内在素质结构不断更新和充实的一个过程。而明确自身的专业成长目标，则是实现教育目标的重要保证，也是教师在教育路上发光发热、实现职业理想的必由之路。因此，帮助教师明确专业成长目标，促进教师进行专业成长十分重要。绩效赋能教师内在素质评价，充分贯彻了客观性、发展性原则、反馈性原则和驱动性四大基本评价原则，评价过程关注教师的优良品质，捕捉教师的闪光点，帮助教师发现自身的内在素质

情况。同时，在尊重教师个人差异的前提下，为教师提供相关的专业成长建议，这对教师明确自身的专业成长目标具有极大的促进作用。

（三）引导教师提升教学的效能感

教师的教学效能感是指教师相信自己有能力对学生的学习产生积极影响的一种知觉和信念，它决定着教师的教学行为，影响教学效果及学生学习成绩。[①] 可以说，教学效能感是教师对自己教育教学工作的自信心。基于此，提升教师的教学效能感，无论是对教师端正工作态度，还是提高其工作积极性都具有积极的影响。绩效赋能教师内在素质评价，采取多元主体与评价工具，帮助教师获得了较为客观、准确的评价，并且在评价中对教师表现优秀的地方，给予充分的肯定，这对增强教师内在素质、提高工作自信心具有重要作用，能够有效引导教师提升自身的教学效能感。

（四）激励教师提高自身综合素养

绩效赋能教师内在素质评价，注重以评价来促进教师发展。在评价中，它不仅能够对教师的内在素质进行考核与评价，而且有利于教师专业化队伍的建设。对教师个人而言，进行内在素质评价，能够及时对教师进行诊断，有利于教师提升自身的素养，尤其是内在素质水平表现较低的教师，评价有助于他们形成自我反思的良好习惯，明确提高内在素质对教育教学工作具有重要意义。更重要的是，绩效赋能教师内在素质评价，能够充分发挥激励的作用，真正赋予教师奋斗的动力，从而激励教师不断提高自身的综合素养。

---

① 詹茂光. 教师教学效能感的研究及其发展提高［J］. 兰州学刊，2005（06）：332－333，253.

第四章　绩效赋能与县域学校教师创新驱动发展的实践探索

赋能（empowerment），在心理学、管理学、社会工作、教育界通常称为赋权。从历史的发展看，赋能的概念起源于 20 世纪 60 年代末至 70 年代初的“自助”及“政治察觉”运动。

自 2016 年以来，“赋能”俨然已成为一个热词，随之出现了大量与赋能息息相关的新观点，如“科技赋能”“新零售赋能”“绩效赋能”等。从员工赋能的角度看，赋能强调权力的下放，让员工有更多自主权，主要分为三个维度，分别为结构赋能、心理赋能与领导赋能。绩效赋能适用于学校管理，有利于促进县域学校教师创新驱动发展。

第一节　结构赋能，提高县域学校教师创新驱动发展的执行力

为应对不断变化的环境和未来可持续发展而产生的赋能新概念，从最初的教育学、心理学、管理学的探索发展到信息科学等许多学科的研究，成为今天学术界的一个热点研究领域，其原理不仅应用在商业和经济领域，而且广泛应用于公共部门、文化教育、政治、军事等各个领域。本节介绍结构赋能的基本内涵和特点，提出县域学校教师创新驱动发展执行力赋能的必要性，结构赋能下提高县域学校教师创新驱动发展的执行力的路径以及结构赋能的注意事项，为促进学校发展提供建议。

一、结构赋能基本内涵

杨齐和王昭娟认为，结构赋能强调改善外部条件，如组织、制度、社会、经济、政治和文化条件等，消除阻碍主体获取资源或满足需求的结构性障碍。① 外国作家博伊索特认为，结构赋能是指通过建立相应的赋能机制，保障能够实现组织权利的下放。② 沈鹏熠认为，结构赋能是赋能主体通过改变客观条件使得能力可以赋予无权利主体的过程。③ 在学校管理中，结构赋能聚焦通

① 杨齐，王昭娟．社会企业助力返乡人员参与乡村振兴研究［J］．安顺学院学报，2021（01）：23－28．

② 马克斯·H．布瓦索．信息空间：认识组织、制度和文化的一种框架［M］．王寅通，译．上海：上海译文出版社，2000：235－245．

③ 沈鹏熠．农产品区域品牌的形成过程及其运行机制［J］．农业现代化研究，2011（05）：588－591．

过提升客观外部条件，强调把权力赋予教师，让教师参与学校的组织、制度、经济、文化、技术建设中，绩效赋能，是为行动赋予力量，提高教师集体荣誉感、责任感和归属感的一种管理方式，进一步推动和深化学校人事制度改革，进一步调动广大教职工的工作积极性，形成全校上下各司其职、多劳多得、优绩优酬的局面，努力提高学校教育教学质量。

二、结构赋能的特点

（一）规范性：促进标准化

全体教职工绩效考核规范性、标准化，充分发挥校内民主，在充分领会上级文件精神的前提下，制订科学合理的考核方案和考核办法。考核方案的制订与考核的实施力争做到科学、准确、合理，保证考核结果与实际工作绩效相符，保护和激励广大教师的积极性。在工作中，有制度标准可循，能够加快民主进入日常工作，驱动全体教师投入教学工作。

传统绩效考核的方法没有具体的标准，具有较高的主观性，存在不公平、不公正、不公开的问题。由于传统模式的绩效考核不可控，因此教师之间难免产生较多矛盾，所以通过绩效赋能，改良学校的结构，响应教师需求，加快完善绩效考核体系，推动良好师风扩容，提升教师自我价值感。县域学校的结构赋能依托校本实际情况，建立学校发展的长效机制，注重学校发展的可持续。

（二）有效性：增强执行力

县域学校的结构赋能帮助学校发展改变外在环境，为教师提供资源和机会，即帮助学校实现教育发展的需求，建立满足教师发展的外在性、结构性要求，为其提供自我提升平台。

学校成立由校长任组长，校领导班子和中层领导组成的考核工作领导小组，充分实现了层级之间的互动和沟通，保证各项工作有序完成，增强执行力。绩效考核方案的实施，进一步调动广大教师工作积极性，形成多劳多得、优绩优酬的分配制度和积极进取、自强不息的良好氛围。绩效考核，进一步促进学校师资队伍的稳定和发展，进一步形成民主、和谐的工作环境和管理机制，促进和谐校园建设，促进学校新一轮发展。

（三）开放性：提升创新度

结构赋能把权力交给全体教职工，每个教师都可以表达自己的观点，敢于表达个人创新观点，然后集思广益，保证每一项上传或下达的工作都能得到大家的认可，为工作的有效完成提供了基本保证。这样的赋能方式具有开放性和创新性。

在民主集中制时代，学校仅仅依靠小部分教师进行创新活动，已经难以适应学校发展的需求。在这种背景下，“开放式创新”正在逐渐成为学校发展创新的主导模式。学校可广泛收集教师的建议，充分征求广大教职工的意见，力争做到考核公平、分配合理，全程在公开、公正前提下进行。

（四）平等性：提高参与度

方案的制订充分体现以人为本的核心理念，发挥民主监督的作用，学校全体成员都可参与，让更多的学校成员参与各项工作的协商与实施，实现全员参与的目标。探索绩效提升公平性和可持续性。依法妥善处理各类投诉、信访、举报等案件，切实维护绩效考核公平公正。无论是新教师还是老教师，一样参与到学校治理中，有效调动广大教师的积极性和创造性，鼓励教师教书育人，乐于承担班主任工作。

三、县域学校教师创新驱动发展执行力赋能的必要性

（一）结构赋能激活全体教师

赋能的关键是激活教师的创造力，激活教师的教育热情，让组织环境中的数据、信息、知识、智慧，彼此交互。挖掘潜能，激活教师内驱力，为教师赋能的重要抓手是为教师打造峰值体验，创造“高光时刻”。① 从文化赋能、组织赋能、制度赋能、实践赋能、激活教师、贯通培养的教师专业能力提升路径，有效带动了学校教师整体素质的提高②。通过项目培训或自上而下的改革运动等外部干预可以对教师发展发挥一定的引领和推动作用，但各种专业发展活动要想取得成效并促使经验教师发生真实的改变，还需激活教师的主体性，为教师发展赋能，使外部力量与教师自身能量完美契合③。激活教师教育功能，社会各层面应对教师赋能，增加教师对本职工作的热爱，发扬职业精神，增加对教师职业的认知。

（二）结构赋能促进训战结合

结构赋能强调一边作战一边赋能，经历教师专业培训阶段、训战结合阶段和实战阶段。教师的专业发展水平并非仅仅取决于教师的学历，更大程度上取决于教师成长的制度与机制。学校如果能着力营造富有生命活力的学习型组织，引领教师在自身成长中找到坐标，燃起自主发展的激情，教师必将

① 周静.“长风”讲堂：校本名师出铁中［J］. 湖南教育，2020（32）：50—51.

② 陈思. 首都基础教育教师队伍建设面临的挑战与创新探索——首都基础教育人才发展2019年研讨会综述［J］. 北京教育学院学报，2019（6）：89—92.

③ 杨鲁新，张宁. 英语经验教师专业发展研究：回顾与展望［J］. 外语教学，2020（2）：51—58.

得到快速的立体化发展。① 在训练中，一是以师德师风建设为统领，把握教师队伍的方向，包括健全师德长效机制，加强师德师风教育，关注教师心理健康教育；二是以加强培训培养为核心，全面提升教师的育人能力，包括开展幼儿园和中小学教师系列培训以及名师培养工程；三是以创新管理体制为保障，优化教师发展的生态环境，包括制定教师队伍改革实施意见，完善教师准入制度，深入开展区进校人才储备工作等等。

（三）结构赋能打造学校品牌

赋能就是激励教师，给予教师正向的反馈，帮助教师更好地完成工作。学校是赋能的地方，一线教师、骨干教师、名师赋能其他教师，带动其他教师成长；一个学校赋能另一个学校，打造教育品牌，激励其他学校发展。实践证明，学校发展是一个不断调整和提高的过程，一般都是从常规发展阶段到个性发展阶段，再到个性示范阶段。② 在赋能过程中，尊重规律，以人为本；以德为先，注重实绩；激励先进，促进发展；客观公正，简便易行。过程评价与终结性评价相结合，定性评价与定量评价相结合，多元主体评价。注重实绩，关注学生意见，关注教职工的意见，让学校的先进管理成果“走出去”，为学校增添一张亮丽的标志性名片。

---

①　陈智贤．激活学习机制，引领教师幸福成长［J］．教师，2014（19）：15－16．

②　赵宏强．教育走向崇高的赋能逻辑和体系化建构［J］．河北教育（综合版），2021（2）：25．

四、结构赋能下提高县域学校教师创新驱动发展的执行力的路径

（一）个体赋能，促进个人专业成长

重塑新生代教师的身份认同，需要通过个体赋能。个体赋能侧重教师个体的赋能，给予工具、方法，提升他们的技能，帮助他们在组织得到快速成长。教师自身应注重个体赋能，不断提升自己的专业服务水平和应对压力的信心。通过对个体赋能，提升教师的能动性。机会均等地为基层教师个体赋能，给予每个教师发展自己学术愿景的机遇，以生成多样化的学科生态环境，促进教师创新驱动发展。研究表明，给予个体积极的关注，对学生的努力给予积极评价，将问题、危机转化为激发潜能的契机，实现对个体的“赋能”与“增能”，形成增益效应。

（二）团队赋能，增强日常工作活力

为保证学校的持续运转，通常需要具有合理组织架构的团队来进行管理。在结构赋能方面，适当对财务管理教师授予财务权和决策权，实现公平公正。在绩效赋能的市场发展趋势下，横向监督的团队作业方式逐渐成为推动团队信息加工、促成任务偏差反思并实现工作绩效的保障。在这些不同的团队，人们能够快速找到他们共同的赋能要素，比如“团队凝聚力”“信任与尊重”。因此，在任务执行过程中，如何强化或规避横向监督对团队任务过程及创造力的正向或负向影响，已成为团队赋能及创新绩效提升过程中必须解决的现实难题。运用科技信息化赋能，团队通过搭建平台、区域，教师必须重新审视教与学的发展变革，以“立德树人”为根本目标和根本任务，回归教育初

心和教学本分，真正实现以技术赋能教师角色的转变，全面提升课程建设与教学质量。①

（三）组织赋能，建立和谐美好组织

“组织赋能”，实际上，需要管理者拥有一个更大的“组织观”。能从组织愿景、组织文化、组织变革等更大的图景去思考，“我们要构建一个什么样的组织”，“这个组织能给我们带来什么”，“我们如何相互赋能，共享一个美好组织”。从组织层面来看，校领导可以改变学校组织内部结构，或授予教职工正式的职位权力，从而使教职工实现对财务、信息等资源的利用。绝大多数的学校组织结构大体上是相同的，无论公办还是民办，无论大规模还是小规模。不过，不同学校有不同的使命、愿景，具备不同的办学规模，不同学校面对老师和学生不同的情况，组织结构也不一定相同。但各部门的工作职能大体相同。聚焦组织目标，制定分解计划，将组织目标分解到教导处、德育处、总务处等专业部门。

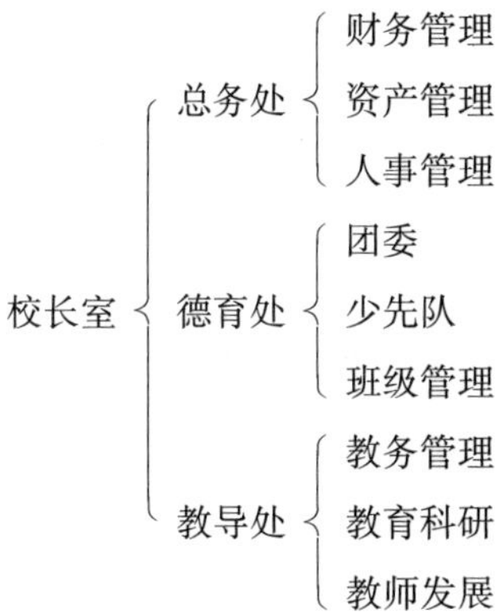

图 4—1　常见的学校组织结构

搭建组织平台，让全体教职工参与政治，明确职责，提高所有管理者和参与者对工作的执行力。结构变了，制度要变，流程也要变，管理的流程再造是所有事情当中最核心的问题。结构变了，有制度保障重新完善结构，再

---

① 韩筠.“互联网＋”时代教与学的新发展［J］.中国大学教学，2019（12）：4—7.

加上最基本的管理流程再造，才可能保证结构能够走向一个正常运行的轨道。

（四）制度赋能，深化开放治理机制

制度赋能这个维度偏向比较“硬”的赋能，往往是最一针见血，药到病除的，比如信息共享（平台建设）、授权（教师参与）、薪酬公平感等，是全体教师的关注点。制度赋能必须做到规范制度，科学发展。在今后一段时期内，要着力健全学校的理论建设、组织建设、基层建设、校园文化、科研创新、学生组织等方面的规章制度，着力增强依章履职、依规办事、依制管人的制度意识，着力完善于法周延、于事简便、务实管用的制度体系，着力形成讲原则、守规矩的制度约束力，不断提升学校治理体系和治理能力的现代化水平。加强行政教师队伍建设，有问题逐级反映，逐层解决。行政领导利用其管理中的主导地位，加强自身位势建设。通过名师共生效应，依靠模式创新、技术创新，带动教师搭建起开放、包容的赋能平台，建立起共生、共建、共赢、共享的教师发展模式。

（五）经济赋能，提高个体内驱动力

为了体现公平合理，绩效和教师的工作贡献度挂钩，用奖金提高教师个体内驱动力。对按时完成教学工作和基于奖金激励，绩效工资按科任教师（含行政领导）、教辅人员两类人员分别计算，由量化考核和现金奖扣两部分组成。

第一部分是科任教师部分，综合考量教学工作、教学工作量、管理人员、职称、工作业绩、教学成绩、教师满意度、教学常规、教研工作和荣誉称号。第二部分是教辅人员部分，综合考量教辅人员的工作量、工作业绩。现金奖扣部分适用于科任教师和教辅人员，考虑考勤扣罚、值班补助，确定奖励性绩效工资的计算方法为：教职工的奖励性绩效工资＝教职工考核的实得分×分值＋现金补助＋值班补助－考勤扣罚。

奖励性绩效工资发放有关问题的规定，一学期请事假、病假一周以上 60

天以下的，按其实际工作时间和业绩，考核计发绩效工资。每期奖励性绩效工资发放计算时间为 6 个月。发放对象是本校在编在岗教职工。退休、病故、辞职或调离本单位的人员，按其在本单位实际的工作时间计发；借入本校人员在其借出单位计发。

（六）文化赋能，营造平等自由氛围

促进校园文化建设是学校的灵魂，文化赋能有利于营造平等自由氛围。学校要以实施“文化铸魂、文化赋能、文化融入”专项行动为抓手，以文化赋能图书馆服务。文化是一种社会公认的软实力，文化也是推动图书馆创新发展和转型升级的重要驱动力。以文化赋能图书馆服务，可以发展高质量智慧服务，使图书馆智慧服务始终保持引领性。一方面，文化赋能强调以人为核心，图书馆智慧服务必须坚持“以人民为中心”的准则，馆员必须坚持“以用户为中心”的行为规范，而图书馆管理者必须以馆员为本，将馆员作为图书馆管理最重要的无形资产，充分尊重馆员，调动馆员的积极性和创造性，改造传统服务中一方主动另一方被动的局面，实现智慧服务中馆员和用户的双主动和相互作用。①

教师用传统文化和师德熏陶自我，必须加强师德师风建设，按照做“四有”好老师的要求，引导广大教师摒弃浮躁、拒绝平庸、脚踏实地，发扬中国知识分子淡泊明志、宁静致远的优秀传统，秉持工匠精神，用人格感召和师德熏陶，恪守以人为本的人文精神和精雕细琢、追求完美的工匠精神去教育人，培养人。②

文化建设新风貌，点亮文艺火焰。推动校园文化活动不断走向课程化、精品化、高质化和个性化。科学调整活动课程，打造一系列特色鲜明的校园文化活动，营造平等自由氛围。

---

① 柯平，彭亮．图书馆高质量发展的赋能机制［J］．中国图书馆学报：1－18.

② 王蓉霞．工匠精神融入高校思想政治教育的实践探索［J］．学校党建与思想教育，2017（12）：56－58.

（七）技术赋能，引入共享丰富资源

现在是互联网+时代，在绩效考核时应充分利用现代信息技术，实现技术赋能。利用各种数字资源来实现教师之间的交流，通过平台整合各方资源，达到知识共享的目标。利用微信群、QQ群、学习软件、OA办公系统等平台在推动治理结构、流程、步骤优化上持续发挥有效作用。营造数字化工作环境，使学校的组织在线化，上下级基本上可以随时沟通，内部沟通时，信息传递层级减少、速度变快、准确度变高，使得落实效果变好。

技术赋能教育不仅仅是承担替代教师传递知识的作用，技术的更大作用是能够充当学习者建构知识的工具，成为促进学生深度学习的认知工具。学校不仅需要像过去一样继续利用技术赋能提升效率，更需要借助大数据、云计算、3D打印等数字化程度更高的新技术，创新教育模式。

五、结构赋能的注意事项

（一）明晰组织层次结构

学校由于具有一定规模，人员较多，形成科层制组织结构，为促进组织结构扁平化，应改变信息的流向，从单向的自下而上与自下而上变为网状方向；下沉决策权力，赋予一线团队以“开火”权与相应的调整适应的权力；打造教师提升平台，建立内部竞争机制，将责任意识传达给每一名教师；突破部门、专业的隔阂，建立起跨部门、跨团队的联系，建立互信和目标共享，将团队真正融合为一个整体。

（二）运用合理实用工具

合理实用的工具，是解决问题的重要载体。通过整理技能清单、经验集和知识库，运用数字工具，能够集中教师的力量。组织中有不少的新教师、老教师，因此在“赋能”的时候，应该尽快搭建“知识库、案例库”，提取“成功经验和失败教训”，整合“技能清单”，在资源保障、信息透明、良好协作等方面提供充分支持。

（三）采用高效科学方法

组织的赋能方法可以考虑多样化，比如传统的“导师制”，“训战结合”方式，更高端一点，引入“教练技术、行动学习、引导技术”等。赋能应流程化，推进上下级互动。赋能辅助有质量的“绩效管理”等机制。上级对教职工的影响是最直接的，组织赋能的职责必然要落实到领导身上。在授权赋能的组织内，领导对教师的指导比传统的层级组织要多，并善于把更多的选择权授予下级人员，要把教师队伍建设、优秀教师培养、绩效辅导等过去并未重视的工作提升到相当高的程度。

第一，给教师压力。授权赋能，赋予更多的是对教师的信任，将高绩效、快速成长、果断决策的压力传递给教师，促进教师成长。

第二，激励教师。激发教师内在的工作动机，使教师认识到自己是受到组织信任和重视的，更加相信自己能够胜任当前以及未来的工作。

第三，关心教师。领导要有爱才之心，注重对教师的个性化关怀，帮助教师应对变革和挑战，让教师感受到能量与支持，激发起内心赢得竞争的动机，提高其创新与学习能力。

新的时期，新的趋势，新的发展，对学校各项工作标准有着更高的要求。学校应总结过往经验，聚焦重点工作，整合优质资源，推进学校工作健康和谐发展，提高县域学校教师创新驱动发展的执行力。

第二节　心理赋能，释放县域学校教师创新驱动发展的亲和力

随着教育教学改革的不断深入，教师面临的压力越来越大，出现一系列心理问题。心理赋能则重点关注被赋能的教师的心理状况，即这一努力是否被感知，让被赋能的教师增强存在感、胜任力、自我决定意识及影响力。本节将从心理赋能的基本内涵、重要意义、支持体系以及基于心理赋能释放县域学校教师创新驱动发展的亲和力的路径作出介绍。

一、心理赋能基本内涵

心理赋能概念由国外学者提出，是“授权”概念的衍生，从管理学的范畴逐步细化演变成管理心理学的范畴。它是一种授权的感知，具体阐述为员工通过对工作意义、胜任力、自主决策权、影响力四个方面的感知。① 陶厚永、李薇、陈建安和李玲认为，心理赋能是个体通过对工作情境的评价而形成的内在动机状态，强调个体在工作环境中的心理反应，它是一个可变的状态变量。② 心理赋能主要从员工任务动机出发，有人将授权赋能视为基于员工的意义、能力（自我效能感）、自决（自我决定感）和影响的四维心理感知状态，以体现其工作意义和重要性、具有胜任工作的能力和技能、具有独立决策和处理权以及在单位部门的控制力和影响力等个人状态和工作场景。在学

---

① 鲍捷．基于心理赋能对员工敬业度的影响研究［J］．中国集体经济，2019（22）：92－93.

② 陶厚永，李薇，陈建安，李玲．领导——追随行为互动研究：对偶心理定位的视角［J］．中国工业经济，2014（12）：104－117.

校中，心理赋能是一种个体在工作中希望并且认为自己能够掌控工作角色和工作环境的动机状态，这种活跃的动机状态源于个体在工作中体验到的自我效能感、胜任力、自主决策权和影响力。自我效能感是指个体对自己是否有能力完成某一行为所进行的推测与判断；胜任力是指能在工作中显著区分优秀与一般绩效的个体特征；自主决策权指个体对工作或其他事情的自主选择、决策；影响力则是指个体可以影响组织策略、行政管理和经营绩效的程度。总的来说，心理赋能水平较高的个体倾向于认为工作中的处境在自己的掌控之中。

二、心理赋能的重要意义

（一）舒缓教师负面化情绪

心理赋能舒缓教师负面化情绪。学校对教师进行心理赋能，定期对青年教师进行健康水平测试和心理咨询活动，积极开展心理教育与辅导，邀请心理专家举办心理座谈会，引导他们运用正确有效的压力管理方法舒缓青年教师的负面情绪，为青年教师的心理健康发展创造良好的条件。开展教师心理健康维护活动，帮助教师缓解身心压力，同时找回工作的幸福感。在教师集体中，先进教师在前引路，青年教师作为澎湃的后浪，相互守望，共同成长，一同为学校发展蓝图的实现添上浓墨重彩的一笔，为中华民族伟大复兴培养最优质的人才。

首先，学校平台要营造开放的工作氛围，通过发展性反馈、鼓励谏言、主动授权等措施来增强教师的被尊重感和被信任感，提升其工作自主性和灵活性；还要尽可能为教师设计长远的职业生涯规划，增强其职业归属感。其次，学校领导应实现教职工内部人身份认知监测常态化，确保直管领导密切关注教职工的心理认知和情感状态。另外，建立教职工负面情绪舒缓渠道，例如设立校长意见邮箱、教师意见邮箱，营造公正、和谐、开放的组织环境。

学校领导应时刻关注组织程序和管理制度是否有效或存在漏洞，一旦发现教职工产生怀疑、误解、愤恨等情绪，应及时查明问题的核心和关键，最大程度降低由此形成的阻断性压力。同时，教师可以通过社交媒体及时提升自我，通过社交软件及社交媒体舒缓情绪。在使用社交媒体时，通过人际沟通、网友支持与点赞获取抚慰，提升教书热情。利用社交媒体转发与互动，一方面可以让教师觉得自己受到社会广泛关注；另一方面，利用数字平台获取信息可以让另一部分掌握资源或有愿意加入行动的人开展一对一或一对多帮助，带动不积极的教师，减少负面情绪。

（二）增强教师自我效能感

心理赋能让教师增强自我效能感，增强教师对自身能利用技能完成某项工作行为的自信程度。在面临工作压力或教学突发事件时，教师的信心对整个教学事件解决和掌控发挥着至关重要的作用。心理赋能对教师的心理调节起到良好作用，促使工作有条不紊进行，进一步增添教师克服困难的信心。在教育事业中，出现了许多教书育人、无私奉献的不平凡事迹，广泛宣传积极向上、感人的事件，弘扬社会正能量，能够起到良好的社会劝说与情绪唤起作用，吸引更多教师参与到教学创新工作中，增强社会责任感和使命感，为国家教育事业贡献力量。自我效能感作为一种无形的力量，对教师能力提升具有重大作用。信心越强，越有动力做好一件事，发挥主观能动性，形成积极向上的氛围。

班杜拉认为，自我效能感通过目标设定来影响动机。[①] 树立正确的目标，比如把一个班级带好，教师有目标去努力，在教学工作中投入较大，成绩够突出而经常受到领导和老师的称赞，其自我效能感就会提高。

---

① 陈志英. 从自我效能感的视域看学习动机的激发 [J]. 通化师范学院学报，2005 (05)：74—76.

（三）强化教师自主决策权

心理赋能强化教师自主决策权。在学校组织中，组织中的人际影响主要是“自上而下”的。在此背景下，“心理赋能”表现为领导者通过授予下属决策权，为下属提供信息和资源等措施。随着教师对领导者影响力的增强，下属也可以通过支持和协助领导者工作等方式，“自下而上”地为领导者注入动力和赋予能量，提升领导者的心理赋能状态。①

自主决策能力属于心智层面的自主化行为过程，这一能力直接影响与之对应并受之支配的事实行为。它既包含有心理因素，例如动机、观念等，又包含有心智因素，例如逻辑、方法论等。所以，协助教师提升该能力，需视之为一个系统工程。放权给教师，在一定自主权限范围内，能够自主策划并决定某项工作的具体开展过程，这样能大大提高教师工作的积极性。应用心理赋能原理，学校领导在完成组织使命、战略和目标的过程中运用创新观点去影响教师的决策制定和战略选择。② 从决策制订来看，教师抛弃传统“经验”的方法，培养创新意识，有效提高了工作效率，逐渐成为名师。从战略选择来看，学校管理者的战略意识决定了规划学校发展的模式，有效地将理论应用于实践，保证规划的科学性。教师在自主决策中，找到正确的方向，提升自我价值。

（四）提升教师工作胜任力

教师之间通过经验交流、相互学习和相互借鉴，有助于进一步提升自身的工作胜任力与工作适应性，从而更好地完成工作任务，并获得基于团队的绩效奖励，因而能够强化教师团队凝聚力。

除了物质激励对教师提升胜任力水平具有重要作用，精神激励也是教师

---

① 王尧，张娇娇，林丛丛．为领导者赋能：群组建言促进魅力型领导的机制研究［J］．中国人力资源开发，2019（03）：6—19．

② 柯平，彭亮．图书馆高质量发展的赋能机制［J］．中国图书馆学报：1—18．

提升工作胜任力水平的重要助推器。因此，在学校管理中，可以采用心理赋能的方式，引导教师个体改变认知和思维方式，形成正确的职业价值观，强化职业认同感，从而做好职业规划。教师结合自身的兴趣、能力、个性特质等合理地规划整体职业人生，沿着纵向晋升发展、横向技能发展、晋升技能相结合的双向发展的路径之一，把长期目标分解为几个具体、明确，难度具有挑战性的中、短期合理目标，围绕目标，教师树立终身学习的观念，努力学习职业所应具备的知识和技能，提升工作胜任力，提高在工作场所的个人控制感。

心理赋能对于新入职的教师是一个很有效的方法，他们获得心理赋能后，充满动力，树立培养社会主义建设者和接班人的理想，不断提升自身专业素养，快速适应工作，提升工作胜任力。

在学校建立专门面向教师的心理工作室，配备专职人员，接待来访，提供咨询，给予建议，及时舒缓减压。在此基础上，采取积极预防策略。面向教师定期开展各种心理讲座、心理辅导和心理诊断，进行问题排查，提前发现问题，并防患于未然，促进教师成熟发展。

三、教师的心理赋能支持体系

（一）学校制度方面：描绘共同愿景

习近平总书记在 2020 年第 36 个教师节到来之际指出，各级党委和政府要满腔热情关心教师，让教师真正成为最受社会尊重和令人羡慕的职业，在全社会营造尊师重教的良好风尚。[①] 这是党中央为提高教师幸福感的最大赋能。教育行政部门和学校管理者，制定响应的政策，加大对教师这一教育主

---

① 刘佐舜. 赋能：提高教师幸福感，促进学校可持续发展［J］. 福建教育学院学报，2020（10）：99—100.

体的支持，在教育经费的合理分配下，有意识地改善教师的生存生活状态，为教师赋能，促进学校可持续发展。

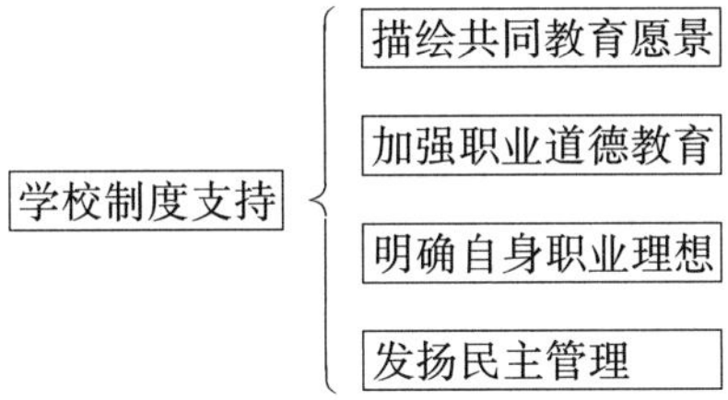

学校制度支持
- 描绘共同教育愿景
- 加强职业道德教育
- 明确自身职业理想
- 发扬民主管理

图 4—2　学校制度支持体系

一个人如果没有生活目标，就像一艘轮船失去了航向。同样，一个教师如果在事业上没有自己的职业理想，失去工作目标，工作起来就会没有头绪。教师是知识工作者，通过“工作自主”进行自我激励很重要，但学校组织激励更能提高教师个体成长的效率，对教师的专业发展具有重要的推动作用。教师专业发展组织激励机制以“个体成长”“组织发展”为目标。因此，校长首先要为学校描绘一个共同的教育愿景，创建共享、互信、合作的组织文化。其次，通过加强职业道德教育，牢固树立“教好一个学生，温暖一个家庭，服务一方百姓”的职业操守和教育良知，并朝着这个目标共同努力。再次，以“人的可持续发展”为出发点，让每个教师在明确学校发展目标的基础上，明确自己相对应的职业理想，使教师把学校的目标与个人理想有机地融为一体，眺望同一个方向，通过共同认可的目标和愿景，让大家有一个明确的方向感和工作归属感，既满足其近期的发展需要，又为其一生的发展赋能。这样，他们即使工作再苦再累，也会觉得是幸福和快乐的。最后，应发扬民主管理，加强校务公开，让教职工依法享有知情权、监督权和参与权，构建重大决策多元主体参与的平等协商机制，激励教师发挥专业的能动性，以推进学校治理的现代化。

（二）人际支持方面：营造和谐氛围

人际关系是双向互动的结果。因此，学校领导鼓励教师之间相互沟通，在沟通时要注意方式方法，保持和谐的人际关系，营造和谐氛围，在使命感的驱动下共同成长，从而对其进行心理赋能。

工作环境决定一个人的工作状态，宽松和谐的工作环境让人心旷神怡、精力充沛、事半功倍。和谐的人际关系，是学校的黏合剂，使教师团队具有凝聚力和战斗力。要创设条件让教师在和谐的人际环境中，舒心地工作。学校领导班子应该是这个宽松环境的营造者，而校长则起着决定性作用。行政与教师、教师与教师、教师与学生相互信任是和谐人际关系的前提。一个民主、随和、公正的校长和一个和谐、团结、奋进的领导班子，才能带出一个团结协作的教师团队。学校应建立自组织、自激励、自驱动、自成长的学校新型管理文化，让教师自然成长。

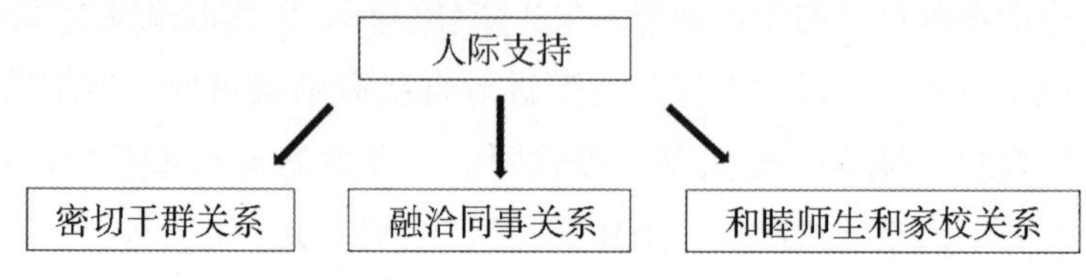

图 4—3　人际支持体系

首先，密切干群关系。教师首先是人，其次才是教师。所以当教师受到社会尊重时，就会心情愉悦；当他们受到冷落时，就容易心情沮丧；要多和教师交心，多关心教师的生活，多鼓励教师、尊重教师，积极听取教师意见和建议，给予教师更多的工作决策权和自主权，释放他们的热情与智慧，激活他们的动能与个性。工会要积极开展关爱行动，定期组织教师外出旅游，让教师感受到集体大家庭的温暖，增进成员间的关系，校园定能充满人情味，教师也定能努力工作并快乐着。

其次，融洽同事关系。教师之间应该多一点理解，少一点猜忌；多一点关爱，少一点指责；多一点帮助，少一点为难；相互帮助，共同成长。这样教师之间感情才能融洽，心情才能舒畅，才能对工作产生积极的影响。

最后，和睦师生和家校关系。教师要和学生成为朋友，师生之间互相信任、互相尊重，共同分享学生成长中的快乐，化解学生学习中的苦恼；教师要和家长站在同一战线上，为学生成长出谋划策，共同努力。要让家长明确，教育不仅仅是学校和教师的事，家长要担当起教育子女的重要角色，时刻畅通沟通渠道，建立和谐的师生和家校关系。

（三）个体心理方面：保持积极心态

教师自我心理调适能力与心理问题排解、疏导渠道是保证教师保持积极心态需要考虑的问题。

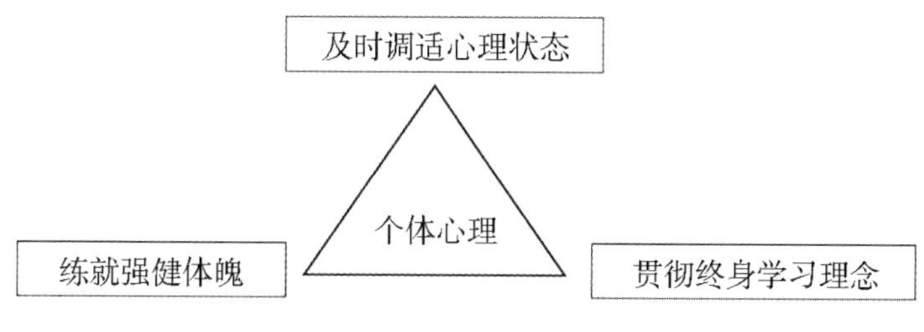

图 4—4　个体心理支持体系

首先，及时调适心理状态，保持恬淡心态。平淡的心态可以在主观上给人生创造幸福。校长要努力既给教师建设一个公平的施展舞台和合理公正的评价环境，又给教师营造既竞争合作又平等相待的氛围。校长心态平和，则学校不会胡乱折腾，教师军心安定。对教师而言，面对工作和生活的各种困难，要时刻记得：我们无法改变世界，我们可以改变自己；我们无法主宰天气，但我们可以改变心情。遇到不开心的事情，通过觉察、暂停、调适这三个阶段为自己赋能，让自己保持积极心态。觉察到问题后，给生活按下暂停键，调整心情。我们可以尝试深呼吸，或者去一个让自己平静的地方，如书房、卧室、阳台，做一些可以让自己静心的事，例如看书、听音乐、运动……照顾好自己的情绪，是为自己赋能的一种方式，也是和他人沟通的良好开端，生活充满阳光，事业也必定会卓有成效。

其次，练就强健体魄，有效提供生活保障。校长要在创造良好锻炼场所的同时，积极倡导阳光体育和保健理念，让教师积极参与大课间活动，开展趣味体育比赛活动，与学生一同学习，一同健身，增强教师体质，让校园频现教师矫健的身姿和爽朗的笑声。比如每年举办一次校运会，鼓励教师与学生一同参加大课间体育锻炼，将每月最后一个周五定为教师阳光互动日，目的就是为了活跃和丰富广大教职工的课余文化生活，减缓教学工作压力，使教师在轻松愉悦、诙谐有趣的气氛中体验心灵的快乐，开放自我，激发工作热情，全身心地投入教育教学工作中。

最后，贯彻终身学习理念。面对快速发展的信息时代，学校管理者应永葆青春活力，不断学习新知识，掌握新本领，这样才不会掉队，才能具有深刻的洞察力、高瞻远瞩的领导力和果断的执行力，带领年轻人一起奔跑，而不是倚老卖老，卖弄权威。要善于与年轻人建立常态化、可持续的互动，从他们身上汲取更多的发展能量，构建共建共享共生的区域文化。要充满教育情怀，善于倾听年轻教师的声音，化解他们工作中的思想和专业问题，为他们的发展出谋献策，保驾护航。

四、基于心理赋能释放县域学校教师创新驱动发展的亲和力的路径

（一）引导为先，培植教师的高效行动力

引导教师在积极的行动中发现、领悟、进取，从而获得自我发展的完善。学校领导是教师的引领者，教师是学生的引领者。学校在管理教师的过程中，要站在教师的立场上，了解和关心教师的生活和工作状况；知晓教师的心理，特别是当他们遇到困难时应及时给予帮助和疏导；增强教师的心理赋能，取得他们的信任，真正成为教师专业发展的知心朋友；指导教师明确责任意识，培植教师的高效行动力。

（二）多元激励，提升教师的内在原动力

基于心理赋能的恰当激励，有助于激发教师工作的积极性。学校领导应重视诸如评奖评优、专题评选、专项表彰、职称评聘等多元化的激励方式，

对于认真上课、备课、批改作业、辅导后进生、积极参加教师技能比赛的先进教师予以奖励，提高教师的自信心，从而激发其内在原动力，增强主观能动性。

（三）重视特性，激发教师的实践创造力

重视心理赋能的逻辑起点是对人性的全面高度关注。随着社会发展，教师表现出不同的特征，新教师和老教师有区别，不同学科的老师有区别。学校领导要善于总结不同教师的特点，加强对教师个人信息的档案搜集，适时适地、线上线下做好思想摸排。提高教师心理赋能，不仅要引导他们“想干事”，还要激发他们“能干事”“会干事”“创造性地干事情”。

（四）内外联动，增强教师的示范影响力

提升教师创新驱动发展的亲和力，需要从内部和外部激发教师热情。

心理赋能是激发教师内生动力的重要因素，只有自身抱有变优秀的信心，增强对优秀教师的向往，才能增强自我提升主动性和为人师表的意识，实现意识与行为的统一。稳定管理队伍，并逐步提升其能力素质，能够有效激发教师的自我效能感，减少工作疲惫感。因此，首先，为教师注入力量，并定期组织教师参加业务培训和经验交流，提升其业务处置能力。其次，完善教师队伍的培养机制和激励机制，提升福利待遇，明确上升空间和上升渠道，并因需制定个性化培训方案，完善教师绩效考核奖惩制度，增强其社会认同感，激发其工作热情。鼓励教师使用多样的宣传媒介或者平台，开展各类宣传活动，如利用微博、微信等各类新兴媒体，宣传教师的日常工作，有助于教师增强自我发展能力。

社会交换理论认为，人与人的关系中，行为示范作用不容忽视。在对教师管理的过程中，行为示范应该包含以下几个层面的内容：一是优秀教师对普通教师的榜样作用。优秀教师的人格魅力和工作能力是增强普通教师提升自我的动力。因此，学校领导引导教师做好自身的表率作用，提高自身的素

质，努力成为普通教师学习的榜样。二是领导对其他教师的率先示范作用。学校领导要优化管理机制，利用网络技术和新媒体平台，实现对教师的创新型管理培训。三是外部环境对教师的熏陶涵养。一方面是校园文化的营造，学校领导要利用好良好的校风、学风、班风，利用好各具特色的校园文化内涵，提升教师的心理赋能，增强其归属感和荣誉感；另一方面是科研技能的历练，学校领导要利用好教师培训、交流访学项目、课题申报等，有效培养教师的科研能力和示范影响力。心理赋能，教师成长，更好地实现合理评价教师的目标。

第三节　领导赋能，激发县域学校教师创新驱动发展的创造力

绩效考核评价体系中，领导赋能是其中一个关键点。领导赋能让教师获得能量，激发创造力，教师更有热情投身到教育工作中。本节将从领导赋能的基本内涵、对县域学校教师创造力的影响、对县域学校教师管理的主要表现以及基于领导赋能激发县域学校教师创新驱动发展的创造力的路径开展阐述。

一、领导赋能的基本内涵

领导赋能主要从领导学的角度出发，强调通过提高员工自我效能感与控制感（如参与式决策）、消除培养无力感（如官僚主义）、设立激励员工的未来目标等领导行为，从而赋予员工权力和提高工作能力，实现领导授权赋能。

刘敖迪、杜学绘和王娜指出，领导赋能是指领导者更多的是将权力赋予

员工，领导者充当教练的角色，帮助员工解决问题和提高能力等。① 骆家駹认为，领导赋能是指在组织层级多的组织中，真正把更多的选择权授予他们的下属。② 尤守东指出，领导赋能强调领导者给予员工能力成长的过程。③ 笔者认为，领导赋能强调领导者对教师授予更多的动力，更多选择权，领导者好比教师的教师，领导通过传授经验，帮助教师解决困难，从而达到提高教师能力的目标，更好地实现教师绩效考核评价。

二、领导赋能对县域学校教师创造力的影响

（一）领导赋能成为县域学校教师创造力效能的新要素

教师创造力，是教师专业发展和个人提升的必备能力，是从事一线教育教学工作的必要因素。领导赋能给学校创建一种更加浓厚的专业化工作氛围，学科隔离的状态被打破，教师间、师生间互动频繁，这不仅有利于提高教师专业化水平，也有利于教师领导力效能的提升。一是教师有更多主动权，教师被授予权力后，主动观察教学事件，进行学情分析，对学生的学习情况把握得更精准，有利于教师预测学生学习的发展与成效，及时给予学生个性化辅导，从而让教学设计更优化、更科学。二是教师有更多选择权，教师在领导的驱动下，主动进行创新，改变陈旧的做法，敢于向传统发声。创新教学使教学更有价值，更有意义，有效地促进教师智慧成长，教师自身成长的渠道选择也更多。三是教师有更多领导权，教师在领导的驱动下能发现学生的问题，扫除学生学习内容的盲点，能及时精准地为学生提供更好的帮助，充

① 刘敖迪，杜学绘，王娜. 区块链技术及其在信息安全领域的研究进展［J］. 软件学报，2018（7）：2092－2115.

② 骆家駹. 信息化赋能下的中央企业集团财务管控模式研究［D］. 北京：北京交通大学，2019.

③ 尤守东. 平台型企业价值共创实现路径［D］. 合肥：安徽财经大学，2020.

分发挥引导作用，指导与改进针对性和有效性更强，突破素养培育的难点。

教师领导素养作为新时代教师创造力结构要素的重要组成部分，直接影响教师创造力和教育发展的步伐。因此，加强教师领导素养培养，是领导赋能优化的必然要求。领导赋能，让教师领导力效能更加强大。

（二）领导赋能成为县域学校教师创造力发掘的新诉求

领导赋能，是新时代教师创造力提升的正确方向和关键着力点。教师创造力作为一种必要能力，因领导赋能被激发。领导赋能对教师创造力的影响是非常深刻的，领导赋能下教师保持高度积极性，教师之间合作会增强，教学改进意愿会更强烈，教学改进和变革行为会更加主动。在领导赋能下，教师专业发展个人诊断更加全面，能清楚认识自己，找准专业发展的短板，明确专业发展新要求。在大数据、信息化时代，教师需要掌握的能力更多，教师具备的素养更强。把个人能力和绩效考核评价联系在一起，在领导的激励下，教师通过不断学习，加速更新知识、能力和策略等，更好地保持高效的教师创造力。

领导赋能是激发教师内生动力的重要因素，起着把被动变为主动的作用。赋能后，教师对自身抱有创新创造信心，通过增强对创造的重要性的理解，增强创造的主动性及意识，实现意识与行为的统一。领导赋能让教师发自内心地参与到为党育人、为国育才的行动中，从而为学校教育发展提供持续动力。领导赋能是新时代教师创造力发展的新要求，是教师创造力赋能的需要。

（三）领导赋能成为县域学校教师创造力实践的新角度

在教育事业不断深化改革的今天，创造力已成为实现教育创新的动力源泉，领导赋能让县域学校教师更好地发挥创造力，让学校内出现更多的创意教师。实施领导赋能管理方式，教师建立和依托领导赋能思维能更好地开展教育创新的工作。实践证明，领导赋能让教师感受到工作的价值和意义，帮助教师建立个人工作目标，充分激发教师达成目标的热情和信心。赋能型领导有利于充分激发员工从事创新活动的积极性，让员工更敢于打破现状，也更富创造性。

创造性的工作具有很大的风险性，教师以与以往不同的方式和方法开展工作和解决问题时，通常会存在创新是否有效、能否成功等一系列问题。因此，教师会格外关注领导和学校是否支持创造性工作。如果能获得领导和学校的支持鼓励，教师则不必担心因此受到惩罚，会更加积极地投入到创造性工作中。

领导赋能，不仅会关心教师、鼓励教师，为教师提供更多的信心，而且会尽可能为教师提供发展机会、帮助和指导，给予教师更多资源和信息等方面的支持。被赋能的教师能够感觉到学校的支持和帮助，这有助于增强教师的自我效能感和内在激励水平，进而激励教师主动采取创新行为，有助于教师创造力品质提升。在绩效考核中，更好地实现更合理评价教师。

三、领导赋能对县域学校教师管理的主要表现

（一）领导赋能下教学决策更科学

教学决策是教师为有效达成教学目标，探索、判断、选择教学实施方案的过程。教学决策决定着学校教学的方向。在教学中，少不了教师对学生的引导作用。造就高素质教师队伍是学校一项重要的工作。学校领导要懂得如何高效管理，懂得赋予教师能量，适当放权，给予教师自由发挥空间，以此激励教师创造创新课堂，作出科学决策。

探寻纷繁复杂的教学现象背后的原因，并据此做出相应的教学行为，一直是教师教学决策的理想追求。以往广大教师一般遵循“观察现象—发现问题—分析原因—做出对策”的教学决策思维方式，要使决策达到更科学的效果，需要创新。教师可借助大数据技术，从大数据中寻找相关教学问题的多个数据，集中发现其间的相关性，进而理解问题，探索规律，预测趋势，并

作出科学的教学决策。

在决策过程中，教师应以学生为本，重视学生个体，因材施教。通过量身定制和实施个性化的教育目标、教育计划、辅导方案，帮助学生实现自我成长、自我实现和自我超越的个性化发展。使用现代教育技术，教师可以从学生的练习和评测中获取全部及单题完成时间、个人成绩得分、排序、知识点正确率、题目解答过程等数据，诊断学生知识掌握情况，能翔实地描绘出每个学生个体的学习历程和认知体验，读懂每一个具体而生动的学生个体。教师扎根课堂，创生并使用数据开展决策，避免以往教学决策过程中的“常识性”误区、“主观性”错误、“感觉性”错误，突显教师决策者与执行者的主体角色。

在决策模式上，教师需要综合其他教师的建议、数据分析和个人经验的方式，避免单方面的考虑不周全，导致决策不准确。教师的经验因人而异，这很容易导致教师对教学产生片面的理解，对自己教学的成败进行错误归因，作出不科学的教学决策。基于“其他教师的建议＋数据分析＋个人经验”方式的教学决策，聚焦教学实践的具体问题，有教师、教育管理者、专业数据工作者等团队协作，有大数据的介入，通过科学化的数据挖掘、分析、交流与评估，共同作出合理、有效、科学的教学决策，超越教师教学决策过度依赖于自我经验的范式。

（二）领导赋能下课堂评估更及时

课堂评估是教师改进教学的一个基本功，贯通课前、课中与课后的数据证据，是教师开展课堂教学评估的依据。传统的课堂评估过多依赖于经验，且评估主观性较强，反馈相对滞后。领导赋能下的课堂评估，教师获得能量和责任驱使，将会对教学规划、课程开发、教学改进、学业辅导等评估越来越及时。

构建完整评价体系的基础是设计完整的评价指标体系。一般情况下，构建评价模型多采用塔型结构，把评价目标进行逐级分解。分解成一级目标，再将一级指标分解为多个二级指标并以此类推。完整指标体系的设计要依据相应的标准和原则。包括目标一致性、整体性、方向性、独立性、可测性、可比性的原则进行科学构建。

教师创新课堂评估，可依托学习分析技术，从大量的数据中提取未知的、具有潜在价值的教与学的信息，进行更科学、更高效、更精准的教学评估与决策，帮助学生认识更“真实”的自己，如学科优势、知识缺陷、学习偏好等。学习分析技术在教育教学中的应用呈现以下优点：首先，学习平台嵌入学习分析功能，提供可视化的分析报告；其次，学习分析技术重视学习过程中的情感数据分析，智能识别学习者的情绪状态；再次，学习分析技术突破学科边界，围绕教学的关键问题实现跨学科合作研究；最后，课堂评估及时有效，快速完成自评和互评。教师进行自评，检查目标的完成情况，及时发现存在的问题，找到解决问题的方法，制定对策。此外，还需以学生为中心，借助收集的学生对教师的反馈，实现精准评价，为下一步作出高效科学的教学决策提供依据。

（三）领导赋能下教研科研更高效

教师具备教学能力，但有不少教师缺乏教研科研能力。在领导的激励下，教师更愿意从技能型向教研型转变。一是获得动力驱使自身发展。教师获得学校领导的支持，其他教师的认可，敢于改变单方面发展现状，在假期或者周末愿意不断学习，参加教师培训，往更高层次发展，开拓思维，乐于搞研究，申报科研教研项目，提高教学质量。二是学会反思驱使自身学习。领导对教师作出规定，规定教师职责，按照绩效考核评价体系的标准对教师进行评价，提出教师的问题。教师发现自身不足后，会反思并提升自己。教师绩效考核与评价为实施奖惩直接提供了依据，有助于教师基本职责的履行，乐于与名师交流，增强与优秀教师的合作，虚心向学，坚定提高教研科研能力的决心。三是加强与其他人的合作，学校通过采取课题引领、研训结合、以点带面、区片联动、网络教研等措施，切实提高教师的教研科研水平。领导赋能为教师进行高效教研科研提供强有力的支撑，教师根据教学实践发现教学中的问题，运用理论进行分析，把理论和实践结合起来进行研究。与其他教师组建团队开展教研，教师各抒己见，交流教学经验，使得研究成果更好地服务教学。

（四）领导赋能下绩效考核更合理

蒋惠琴认为，未来的组织管理中最核心的价值其实就是我们怎么去赋能和激活人。[①] 在学校管理中，领导也可以通过赋能来唤醒教师的工作激情，这种激情会成为他们工作的动力，让基于义务教育学校绩效工资的教师评价与考核更合理。

首先，领导赋能着重探究教师工作表现提升的主路径，通过提升教师能力、提供教师机会、激发教师动机，进而提升组织绩效。领导赋能下的绩效考核是在教师绩效考核评价模型的基础上，赋予教师能量，开展公平公正公开的评价，对教师进行科学规范的指导的考核方法，能够充分发挥绩效工资的激励导向作用，激励广大教职工爱岗敬业，踏实工作，积极进取，主动地完成各项工作任务目标，努力推进学校教育事业持续健康快速发展。

其次，领导赋能促进绩效考核细化，对教师评价，学校制定考核制度，确保对每个教师都平等。对教师的教学行为具体化，更加细化教师的教学任务评价。另外，把绩效标准落实到每个岗位。实施管理时，根据学校情况更改和完善考核体系，不断计划、观察、评估、反馈和改进绩效考核，增强教师认真工作的意识。

最后，领导赋能让教师感受到自己受到重视，教师通过对自身分析，精准有效的诊断评估，学会反思并作出改进措施，根据自身需求获取学习资源。在对自己作出评价后，教师在领导正确指导下，思想将会发生转变，能更清晰认识自己，全面评价自己，为自己的职业生涯进行规划，对学生学习和活动开展分析，对学生的学习兴趣、知识水平、学习风格、学习进度等做出分析预判，预测学生的学习情况，从而更好引导学生开展适应性学习和自主学习。教师获得能量后，不仅提升自我，也对学生有很大帮助，达到优化学习

---

① 蒋惠琴. 我们这样为教师赋能 [J]. 江苏教育，2019（70）：19—23.

方式的目标。

四、基于领导赋能激发县域学校教师创新驱动发展的创造力的路径

（一）以领导思维为核心，强化问题导向为教师创造力观念赋能

一是校长应具备领导思维。领导者、领导过程以及领导者与被领导者之间的辩证关系，构成了领导思维的核心问题，展现了领导思维的本质和作用。① 观察教师工作生活，回看领导过程，分析领导和被领导之间的做法，发现存在的问题，及时提出，让教师及时改进，在实践中优化教育行为。

二是校长需要有辩证意识。辩证思维能力是领导思维能力的核心，决定着发展的质量和成效。② 校长应坚持问题导向，聚焦并解决实际问题，抓住关键，找准重点，洞察事物发展规律。努力发现赋能下的教育教学事实，并将这些事实与教育教学实践建立有意义的关联，构建新的富有个性风格的教育教学方式。

三是校长应具备共情能力。站在教师的角度做决策，理解教师的处境，走进教师中，多听教师的建议，集思广益，做教师的知心人、引导者、热心人，满足教师生理、心理、感情、人际关系等方面的需求。尊重教师的想法，鼓励他们自由表达思想，激发自身创造力，强调创造力在教师教学决策等中的作用与价值。在领导赋能下，教师也渐渐认同学校领导的思维方式和核心价值观。

① 张学成. 中国地方领导思维问题研究［D］. 哈尔滨：黑龙江大学，2018.

② 平心. 领导干部要提高“三个思维能力”［N］. 无锡日报，2009－11－10（A01）.

（二）以领导意识为基础，强化制度引导为教师创造力方向赋能

一是摆正领导赋能教育改革的战略地位，做好顶层设计与科学布局，明确领导赋能教育改革的思路，引导教育行政机构、学校、教育培训企业等，重视领导赋能。合理规划岗位设置与职位晋升制度，让教师看到可以努力的方向，增强教师的成就感，从而提高教师的创造力。

二是健全考核制度。例如，在廉江市第八中学，根据廉江市教育局、人事局、财政局【2009】122 号文件《廉江市义务教育阶段学校奖励性绩效工资考核办法（试行）》、湛江市教育局、财政局、人力资源和社会保障局【2011】230 号文件《关于进一步规范义务教育学校教师奖励性绩效工资分配工作的指导意见》和粤人社发【2013】156 号文件《关于广东省事业单位实施绩效工资有关问题的通知》的精神，结合学校实际情况，制定考核办法。廉江中学结合党的教育方针，进一步推动和深化学校人事制度改革，制定了《廉江中学教职工奖励性绩效工资实施方案》。这些方案都进一步调动广大教职工的工作积极性。

三是优化教师专业发展标准。当下，“吃大锅饭”和平均主义的问题仍然存在，要把教师创新素养培育作为专业发展目标之一，把创造力作为专业发展重要内容，增强领导赋能意识，明确领导赋能对教师创造力的重要意义。把创造力纳入教师工作的考核评价指标体系，将会进一步激发教师创造热情。

（三）以领导知识为重点，强化课程研发为教师创造力成长赋能

领导机械地管理，只会让教师被动地服从和完成任务，此时校长要学会思考如何赋能。教师情况各异，如果领导只会机械管理，掌握大权，整个教师队伍就会失去生机，教师也缺乏自由发展、自由表达的空间。所以领导应掌握知识，要适当赋予教师能量。发现问题并给教师适当引导，给教师充足的自由发挥的空间，这样容易让教师养成主动、乐于创造的习惯。

一是具备较强的学习力和洞察力。校长作为学校的领导者，需要不断学

习，起标杆引领作用。校长平时发现问题，在教职工会议上提出，引发教师反思，说出自己的看法然后与教师一起讨论。领导听取教师意见，了解教师的思想动态和真实心声，及时加以点评，最后得出结论。这样的教师管理模式不拘泥于传统的模式，而是实现民主，充分尊重教师的地位。

二是重视教师个人学习和知识共享。一方面，校长赋能教师，增强教师学习主动性，不仅提升自我，也有助于带动学校里其他教师加强个体学习；另一方面，学校需要创造良好的学习氛围，促进教师树立终身学习观念，不断获取新知识和新能力，并鼓励教师积极参与知识共享，为提升创造力奠定基础。

三是建立良好的关系。教师自身的个性特点因人而异，量体裁衣的管理方法显得尤为重要。校长可适时适地、线上线下对教师进行全方位充分的沟通，加强对教师的人文关怀。定期组织教师活动，促进领导和教师之间关系良好发展；教师在生活中遇到困难，适当采取相应的帮扶措施。领导者通过赋予教师人文关怀，给予教师更多自主的权力和责任等，来为提高教师创造力提供支持，从而促使教师展现更高的创造力。校长在对教师作出评价时，可以将创造力作为重要测评指标，为分配工作和安排岗位提供参考依据。

（四）以领导技能为关键，强化实践创新为教师创造力目标赋能

一是精心设计教师培训示范项目。协调整合多方力量，构建教育教学改革研究共同体，实行线上线下相结合的混合式培训。充分发挥“国培”“省培”等项目的示范辐射，依托高校、兄弟学校的支持，夯实校本培训，不断提高教育培训实效。

二是创新教学专题研究，领导赋能教师研究教育改革项目，在校内、到校外实践，开展研学活动，交流心得，集中研究解决教育教学改革中遇到的实际问题。

三是积极做好典型经验的宣传推介，总结若干典型，提炼有推广价值的教师实践案例，开展教育改革研讨会、成果交流推介会。

校长掌握领导技能，带头培养一批能够适应新时代要求的优秀高素质

“种子教师”，通过一部分教师带动另一部分教师，促使更多的教师养成创新的意识和习惯，不断增强教师的创造力。

第五章　绩效赋能与县域学校教师创新驱动发展的对策建议

第一节　绩效赋能，激励创新型教师发展

创新型教师是指具有创新观念、创新精神、创新思维和创新能力，积极吸收最新教育科学成果，善于根据具体教育情境灵活运用各种教育方法，发现和培养创新人才的教师。绩效赋能将激励创新型教师发展。本节将从绩效赋能，培养创新型教师的必要性、创新型教师的特征以及激励县域学校创新型教师发展的策略展开阐述。

一、绩效赋能，培养创新型教师的必要性

（一）培养创新型教师是基础教育课程改革的要求

从我国的教育现状看，中小学教师长期以来受传统教育思想的影响，存在着重理论，轻实践；重知识，轻能力；重统一要求，轻个性发展；重智力因素，轻非智力因素的培养；重基础知识、基本技能的训练，轻学生创造性思维的培养等问题，这使得对学生创新精神和创造力的培养成为最薄弱的环节，从而造成一些学生高分低能，实际操作能力和创造能力较差，远不能适应现代科技发展和未来社会的要求。

新课程改革在全国由点到面全面展开，这对中小学教师的教学和角色提出了新的要求，中小学教师要由知识的传授者转向科研型、创新型教师，由单一型教师转向综合型教师。基础教育课程改革把培养学生“具有初步的创新精神和实践能力”作为重要目标；把教学过程看成是师生交往、积极互动、

共同发展的过程，主张通过交往，构建人道的、和谐的、民主的、平等的师生关系；主张师生能通过信息交流，相互沟通，相互影响，相互补充，从而达成共识、共享、共进，彼此形成一个真正的“学习共同体”；倡导学生自主学习、探究学习、合作学习，使学习成为人的主体性、能动性、独立性不断生成、发展、提升的过程，把学习过程中的发现、探究、研究等活动突显出来，使学习过程更多地成为学生发现问题、提出问题、解决问题的过程。① 课程改革无论是课程目标、课程结构、课程内容、课程评价、课程管理的改变，还是学习方式、教学方式的变革，都对教师提出了新的要求，需要教师创造性地劳动，需要教师具有较强的探究与创新能力。因此，培养创新型教师成为我国基础教育课程改革与发展的必然要求。

（二）培养创新型教师是教师职业的要求

校长在管理学校的过程中，应基于时代背景落实措施。今天是一个知识无限膨胀的时代，人才已经从经验型跨向创新型。育人是永恒的事业，创新是永恒的主题。人才的培养需要依靠教师。因此教师需要有创新意识，不断更新教育观念，优化知识结构，具备科学意识，掌握正确的教育方法，争做创新型教师。教师职业具有复杂性，一是教育对象的复杂性，教师面对的是具有一定自觉意识，有感情、有思想和有个性的活生生的人，加上每个学生的生活背景、知识基础、性格特征的不同，导致了他们多方面的差异。二是教育过程的复杂性，教育过程不是简单的知识传递和复制的过程，而是知识的创生、情感的交融与教学的互动过程。教师应注重培养学生的认识能力和学习能力，为今后继续学习和终身发展打好基础。教师职业的特点要求教师具有教育智慧和创造性的品质，灵活地处理教育过程中的具体问题，确保教育的实效性。面对复杂的问题，教师需要有创新思维，克服困难。

---

① 刁永锋，赵正，徐东. 基于教师专业化发展的高师院校教师教育培养方案的探究[J]. 西华师范大学学报，2009（3）：70－74.

（三）培养创新型教师是教育的本质要求

创新型人才的培养，需要创新型教育。开拓创新是教师的必备素质，是教师队伍建设的本质要求。1999 年，中共中央、国务院《关于深化教育改革全面推进素质教育的决定》将素质教育确定为我国教育改革和发展的长远方针，素质教育随之成为我国各级各类教育追求的共同理想。素质教育是以培养创新精神和实践能力为重点的教育。人的发展，其根本标志就是人的创造性的发展，开发人的创造性、培养人的创新能力是教育的本质功能。教师是教育工作的参与者以及施行者，所以学校激励教师创新不仅可以促进教师队伍的建设，还可以促使教师建立更加科学并且现代的教育观念和教育方法，促使教师队伍更加专业化，提高学生的创新精神和实践能力。作为国力竞争基础工程的教育，既承担着传递文化的功能，也承担着发展、创新文化的功能。培养具有创新精神和创新能力的人才，既是教育的本质要求，也是教育的核心目标，更是教育面向现代化、面向世界、面向未来的必然选择。因此，学校领导应在日常工作中注重教师创新能力的培养。

二、创新型教师的特征

（一）具有创新观念

创新型教师首先是在观念上的创新，教师的创新观念主要反映在教育观念上，教师的教育观念在很大程度上影响教师的知觉、判断，进而影响他们的教育态度和教育行为。教师应确立与时俱进的教育观念，包括教育目标观、质量观、教师观、学生观、教学观、教材观、评价观。①

创新型教师以教育思想观念的创新，带动教育和教学的改革与创新，敢于对现有教育思想、教育观念进行改革。创新型教师能够在教学改革过程中，发展学生的创造个性，挖掘学生的创新潜能，培养学生的科学精神和创新思维习惯，不断提高学生的收集处理信息的能力、获得新知识的能力以及团结协作和社会活动的能力②。

教师只有树立创新教育观念，才能够根据教育的发展趋势和学生的身心发展规律，开展教育活动，把培养创新人才作为一种自觉行为。

（二）具有创新精神

习近平总书记指出："我们要大力弘扬与时俱进、锐意进取、勤于探索、勇于实践的改革创新精神，争当改革的坚定拥护者和积极实践者，用自己勤劳的双手在改革实践中创造更加幸福的生活。"③ 这反映出中国人民永不停滞、永不僵化的精神状态。创新精神是一种自由精神。创新的过程中包含着自由选择的空间，如果一切处于既定状态而不可选择，那就谈不上创新。而且，创新通常是人在自由开放的状态下实现的，是在思想高度开放、想象力高度活跃的状态下实现的，而在压抑、束缚、僵化的状态下是很难有所创新的④。创新精神是一种探索精神，教师敢于在日常工作中接触新事物，采用新方法，是通过不断的尝试而积累经验，通过总结经验和教训而寻找正确道路。创新既是一种智力活动的过程，也是一种非智力活动的过程，非智力因素能够激发人的创造意识，促使创造能力得到更好的实现。个体意识觉醒，将点燃个体生命中探求新知的欲望，进一步开发潜能，使其拥有一个充满信心、积极

---

① 李壮成．创新型教师教育的价值选择与改革策略［J］．四川文理学院学报，2010（3）：70—72.

② 薛金侠，尹钧．浅谈教师教学中的创新观念［J］．散文百家，2015（6）：141.

③ 孙绍勇．改革创新精神的弘扬与中国精神构筑［J］．人民论坛，2021（15）：36—41.

④ 刘建军．论马克思主义的创新精神［J］．华南师范大学学报（社会科学版），2018（3）：74—79，191.

进取、勇于开拓的人生。所以，创新型教师表现为具有坚强的意志，无畏的胆识，丰富的情感和浓厚的兴趣；具有高远的教育理想，热爱教育事业，关心爱护学生；勤奋学习，勤于研究，勇于实践。

（三）具有创新思维

创新型教师以创新思维突破思维定势，用不同的眼光看待事物。拥有创新思维，对所接触的事物具有敏感性、前瞻性和大局性，能够基于事物全局战略性地看待社会发展，突破狭隘的观念，不局限于自我封闭的小圈子。创新型教师具有锐意创新的勇气、敢为人先的锐气、蓬勃向上的朝气，勇于打破惯性思维和固有观念，实现教育创新。在学校营造创新氛围，需要从教师的创新思维入手。创新思维是超越固定的、传统的常态模式而进行的一种开创性的探索未知的心理活动，是一种高级的思维活动。这种思维不仅能揭示客观事物的本质及其内在联系，而且能在此基础上产生新颖的、独创的思维成果。创新思维主要表现在以下三方面：第一，思维的流畅性，即能在短时间内产生大量的设想，对一个问题有多种多样的思路。第二，思维的变通性，即能冲破思维定势的束缚，及时调整自己或别人已有的设想。第三，思维的独特性或新颖性，即能提出与众不同的设想，有新意。教师的创新思维反映在工作中就是不墨守成规，注重教学对象的个性特征，注重教学内容的不断生成，注重教学方法的灵活运用。教师利用好有效的课堂时间，鼓励和引导学生在学习基本知识之后，通过设置问题引导学生思考的方法进行引导，提出巧妙的、有价值的问题，不断引导学生进行分析和探索，进行知识传输，从而完成教学目标。

（四）具有创新能力

创新型教师具有创新能力。习近平总书记在主持中共中央政治局第九次集体学习会议中指出："着力完善人才发展机制。要用好用活人才，建立更为灵活的人才管理机制……要深化教育改革，推进素质教育，创新教育方法，提高人才培养质量，努力形成有利于人才成长的育人环境。”① 创新能力是教师必备的能力。创新是非常复杂的概念，涵盖或涉及诸多要素，比如创造力、创新思维、创业精神、创意思考。② 创新能力包括创新基本能力，即发现能力、观察能力、注意能力、记忆能力、想象能力。创新综合能力即迁移能力、合成能力、创造能力。教师在工作中，确定教育教学目标，设计与实施最佳的教育教学方案，总结分析教学内容，激发学生的学习兴趣，提高教育教学的效果，都是教师创新能力的体现。教师从内容、方法、评价等层面主动开展教学创新，采用数字化、信息化教学。教师应抓住教育契机，转变教育理念，打破传统的知识讲授模式，发挥学生的主动性、能动性。教师创新能力的获得，要以扎实的知识为基础。教师只有掌握了专业知识，对教育有个人深刻的理解，才能更好地传授给学生。

三、激励县域学校创新型教师发展的策略

（一）加强教师创新教育培训

学校将教师创新创业培训列为学校工作中的重要任务，充分认识到全面实施教师创新培训是更新教师知识结构，转变教师教育理念，提高教师业务素质的重要举措。多种途径加强教师创新教育培训，有利于培养教师的创新意识和创新思维。

一是按照学期、学年目标制定培养教师创新能力的课程，强化理论素养，提升创造性和积极性。为了更好地落实学校教师队伍建设工作思路，在开学初广泛征求教师的意见，针对性安排培训内容，确保内容是教师们需要的能

---

① 王庆忠. 中学教师创新能力提升的影响因素及对策［J］. 吉林教育（综合版），2018（4）.

② 谭志敏. 创新能力内涵的多维阐释［J］. 广东社会科学，2021（2）：81—86.

在教学中产生实效的，确保内容的实效性。根据教师的意见安排培训工作计划，在计划中规定培训内容及形式，落实措施保障，明确教师培训目标。学校领导高度重视教师培训，并成立专门的领导小组，确保教师培训工作扎实、有效地开展。

二是“以赛代练”，采用授课大赛、多媒体课件制作竞赛等多种教学比武方式，提高教师的危机感和竞争意识，使教师认识到自身差距，主动查缺补漏，补齐短板。教师无论是参赛，还是观摩，都能够深入分析和挖掘优秀参赛者在教育创新方面的新举措，并结合自身专业应用于日常教学和科研中，这样可以促使青年教师快速成长为骨干教师、负责人，有利于教师强化理论素养，提升创造性和积极性。①

（二）建立创新教育实践平台

创新实践是在创新意识、创新思维和创新精神的指导或推动下进行的，是一个艰苦探索的过程。在学校建立创新教育实践平台，有利于提高教师创新的积极性。

一是建设创新教育慕课平台。慕课平台采取新一代信息技术，实现多种信息资源的重组与优化，以及大范围、高效率的资源利用和分布，实现全面透彻的感知、宽带泛在的互联、智能融合的应用以及以用户创新、开放创新、大众创新、协同创新为特征的可持续创新。

二是要加强校内创新实践平台的建设，定期举办创新沙龙，举行教学技能比赛，举办学术交流活动，加强对教师的培养。开展创新成果展示活动，让教师在教育工作中的创新成果可以在平台上展示，针对带班理念、教学方法、教育科研等等进行经验分享，起到示范、引领和辐射作用。

三是要加强与政府、高校、兄弟学校的合作协同创新平台建设，健全创新实践平台，以优秀创新成果的培育和孵化为核心，构建“政府＋校内教师

---

① 陈莉．创新创业教育视域下应用型本科院校“双师型”教师队伍建设探析［J］．教育与职业，2019（6）：64—67.

+创新导师”的创新实践共同体，加强对创新项目的合作或协同攻关，让广大教师在创新实战环境中努力提升自身创新能力。

（三）提高教师的创新能力和素养

在教育教学活动中，没有教师的持续创新，就没有学生的创新能力发展。教师的创新能力影响着学生创新能力的发展。新课改背景下，教师必须改变过去注重知识传授和再现的行为，不能把知识点的分解和讲解作为教学的主要目标，而要切实将教育教学视为持续创新的过程，把每节课都当作创新教育①。教师坚持先受教育，努力成为先进思想文化的传播者、创新思维的坚定支持者，更好担起培养学生开放性思维的责任。

校长在管理过程中，平时应引导教师养成创新观念，强调创新的重要性，教师理解创新的意义和价值，认识到教育创新不仅是教师专业发展的需要，也是学校提升办学层次永葆活力的需要。教师要树立创新意识，端正创新态度，转变教学理念，创新教学方法，以提升业务水平。同时，教师需破除传统教学的思想束缚，克服工作时在人力、财力、时间、平台等方面的不足，充分发挥自身教学经验与实践的优势，开辟教育教学新道路。

在教学理念层面，采用创新形式。首先，教师通过听课、交流的形式了解他人的教学理念，并对这些教学理念所涉及的教学问题、教学现象及其教学规律产生较为深刻的理解。其次，教师通过分析他人的教学活动，对其做出好坏优劣的价值判断。再次，教师尝试把已经做出价值判断的教学理念和已有教学理念产生对接和融合，从而形成崭新的教学理念形态。最后，教师能够有意识地运用新形成的教学理念指导自身的教学实践，最终完成教学理念的创造性转化。由此，教师的教学理念在形成之后，在日常教学活动中运用，随教学实践活动的变化经常做出调整和修正，在使原有教学理念得到进一步发展的同时，也促进了新教学理念的萌发和创造性的生成。

① 魏荣年. 浅谈教师创新素养的培养策略 [J]. 甘肃教育，2019 (18)：34.

（四）促进教师的创新学习和教学相结合

教师培训工作是学校管理工作中的一个永恒主题，同时又是一个系统工程，强化管理，确保措施到位十分关键。校长在管理过程中，不仅需要注重教师在创新方面的理论学习，而且需要关注教师的实践。

一是突出对新课程内容的培训。随着新课程改革的不断深入和发展，教师的自身素质面临着前所未有的挑战。为此，每个教育工作者都必须认真扎实地学好新课改理论，提高对新课改的认识，转变教育教学理念，改变教学行为。课程改变学生的学习方式，同时也将改变教师的教学方式。学校应面向教师开展新课程培训，学习新课标，进行教材解读。

二是采取“走出去，请进来”的灵活培训形式。“走出去，请进来”使教师吸收新的信息，开阔眼界，树立新的教育理念。除了本校和综合实践课程培训外，学校多方创造机会，让教师多接触，多学习，积极组织教师参加省、市区各级各类观摩、培训等教研活动。

三是鼓励教师大胆创新，付诸行动，敢于开展创新教学。教师掌握了理论知识，具有创新想法后，对教学进行改革与创新。在课堂上教师可充分利用新媒体技术使学生积极参与课堂学习，确保他们能够全面了解与掌握知识。上完课后，及时总结，在一段时间后，反思教学效果。如果学生取得较大进步，则可以采取创新后的教学方式。由此，提升教师的创新能力。

（五）建立健全教师的考核和管理机制

建立健全教师的考核和管理机制与教师的工作积极性有更大关系，校长可采用以下措施。

一是加大教学常规管理，学校行政人员分别下到各教研组具体指导。教导处进行随堂听课，不定时检查教师的备课、上课和作业批改情况，同时要求各教研组长经常深入各班听课，评课，参与各备课组的教学研讨活动。

二是将管理制度与能力培养相结合，注重过程评价。在教师考核、管理、评价中融入创新理念。无论是教师年度考核，还是目标完成情况考核，或是在职称晋升、评奖评优等的考核上，教学工作量、教学成果奖项、科研项目、科研获奖以及论文专利等的数量、等级均可进行量化考核。① 设立以教学绩效为导向的考核分配机制，体现多教多得，优绩优酬，激励教师将工作重心放在教学上，在教学实践中不断提升创新能力。在优秀教师评价中，着力选拔具有创新素质的教师。评价时注重教师的心理、行为、知识，如心理方面渴望成功，对新事物敢于发表感想；行为方面灵活应变能力强，吃苦耐劳，脚踏实地等；知识方面拥有较强的专业知识。在教师管理方面，营造一种宽松、自由的氛围，鼓励教师尝试创新，容忍失败。评价指标的设置与创新能力密切结合，将领导力、学习能力、整合能力、执行力、决策力等相关能力要求进行细化，制定成可观可感的客观评价体系，融入教师的评价机制中，推进创新实践的制度化、规范化和常态化，让每位教师主动参与到创新实践的活动中。

三是建立科学的教学评价制度和方法。教学评价有检测、调控、改进教学等多种功能，更有促进教师教学水平提高和发展教学能力的功能。科学的教学评价制度对教师具有指导、调控和促进作用。对教师进行评价，看教师是否有创新教学观、学生主体观、师生平等观等，看教师是否最大限度调动了学生的积极性、主动性，看学生的创新精神和实践能力是否有所发展和提高，以学生的精神面貌来衡量教师的教学，而不只是学生分数的高低。

（六）完善教育培养体系及激励机制

完善教育培养体系，给予创新的教师奖励，对促进教师发挥起着重要作用，有利于激发和提升教师教学动力，为教师教学创新提供条件保障，可采取以下措施。

一是加强教师发展体制机制改革顶层设计。深化教师发展体制机制改革

① 刘清生. 新时代高校教师“课程思政”能力的理性审视［J］. 江苏高教，2018（12）：91－93.

的实施意见，从总体要求、管理体制、培养、评价、流动、激励、引才用才、保障机制明确具体措施，为学校教师发展体制改革制定“路线图”。

二是激励教师构建工作格局。教师承担着培养社会主义建设者和接班人的任务。教师应当加强责任感，塑造高尚人格，打开格局，激活内驱力。校长坚持每学期公布一次绩效考核结果，强化教师工作目标责任考核。健全考核机制，完善考核办法，用好考核结果，对创新突出的教师进行资金奖励，充分发挥考核的刚性约束作用，确保教师工作各项政策措施落到实处。

三是要建立激励机制。建立激励机制就是创设一种外部诱因，激发教师的工作动机，使教师以积极饱满的热情和态度对待教学工作，对待学生，进而转化为教师的内部动力，成为教师的日常行为。校长确立办学目标，教师根据目标激发工作动机，达到目标后得到相应的奖励，这将会大大提高教师参与到创新浪潮中的积极性。

第二节　绩效赋能，激活高效型人际关系

人际关系在当今社会中极为重要，人际交往能力是衡量一个人公共关系的标准之一。教师人际关系是指教师为了满足某种需要通过交往形成的彼此之间比较稳定的心理关系。① 教师具备与他人交际的能力，懂得与他人交际的方式方法是很有必要的。教师平时除了要培养自己良好的交往技能，还要在日常生活中热情自信，注意仪表举止，温和沟通，关心与尊重同事，由此形成和谐的工作氛围。学校领导应该重视建立高效型人际关系，绩效赋能能激活高效型人际关系。本节将从绩效赋能，激活高效型人际关系的必要性，高效型人际关系的特点以及激活高效型人际关系的策略展开阐述。

---

① 黎进深．思政课青年教师人际关系的构建研究［J］．延边党校学报，2013（03）：111－113.

一、绩效赋能，激活高效型人际关系的必要性

（一）形成和谐的校园氛围

由于教师职业的特殊性，教师与周围的人交流，教师与领导、教师与教师、教师与学生、教师与社会之间的关系构成了教师人际关系网络。每个教师的生活都是生动的、丰富的、复杂多样的。近年来，随着经济体制和教育体制的不断深化改革，教师人际关系也出现一些新变化。首先，学校领导在制定政策及决策时，对教师的待遇与培训的投入不平衡，使部分教师在考核评价、课题立项、评优评先中不能公平竞争，产生心理落差，引起教师对学校领导产生不满，对学校的管理制度产生抵制和排斥情绪，降低他们的职业归属感，从而给教学带来一定程度的影响。其次，学校在开展教师集体活动时经常以年级、学科为单位，不同年级、不同学科的教师之间缺乏相互交流的机会；同时，教师之间因存在着性格、业务能力、素质水平等方面不同，在相互听课评课时，容易在教学实践中产生教育观念、思想、方法上的分歧，会对同事的负面评价感到不满和不解；教师之间还存在着利益之争，因名额有限，在评先评优、职称和课题申报等方面，容易引起教师之间的利益矛盾，产生相斥心理。再次，由于部分教师存在理论修养不足、育人意识淡薄、教学态度不端正、责任心不强等问题，时间一长，学生就会对教师不满意，不信服，就会对教师不尊重，甚至排斥。学生的评价深刻影响着教师，学生负面的评价打击教师的信心，极大地降低积极性和热情。最后，教师由于工作繁忙，活动大多在校内，与社会的联系较少，在社会交往的空间上受到限制。以上的变化导致教师的人际关系出现危机，学校领导应加以重视，采取措施解决。学校领导应把人际关系纳入绩效考核中，成立绩效考核领导小组，制定人际关系实施细则和管理制度。校长亲自抓，学校共青团、各学科教研组组织协调，号召全体教职工重视和参与，领导与教师、教师与教师之间相互理解，和睦相处，为促进学校不断向标准化、规范化和科学化方向发展，提

供有力的组织和制度保证，形成和谐的校园氛围。

（二）促进教师身心健康发展

随着社会对教师提出的要求，对于刚走上工作岗位的教师而言，他们难免缺乏与社会环境相互协调的能力，在各种人际关系中会产生不同程度的不和谐现象。不和谐的人际关系引起教师的焦虑与不安，精神处于高度紧张之中，缺乏应有的信任感和安全感，影响教师的身心健康，以及对教育事业的热爱和追求。这造成教师对工作失去兴趣，对教学工作满足于现状，对教学缺乏探索和创新，对自身价值产生怀疑。当学校把人际关系列为绩效考核的一部分时，教师对此将会加以重视。在一个和谐、相互关心、相互支持的集体中，教师之间能够表达、倾听，这样的交往是广泛和深入的，教师之间的信息和情感得到了充分的交流和体现，彼此之间是相互信任和理解的。在这样的环境下，教师就会有一种心理上的安全感，能够感受到集体的温暖和关爱，对自己的职业充满自信，这能够使教师保持开朗的心境与健康的心态，从而调动自身工作和学习的积极性。和谐的人际关系，是教师向上成长的强大动力，是促进教师身心素质提升的润滑剂和催化剂。

（三）提高课堂教学质量

和谐的师生关系是课堂高效的保障。课堂教学评价是提高课堂教学质量的关键环节，是促进教师专业发展、保障育人目标顺利实现的重要手段。绩效赋能，激励教师提升自我，有利于构建与领导、同事和学生和谐的关系。绩效赋能后，教师认真备好每一节课，积极听取同事的建议，上好每一节课。课堂的教学过程是教师和学生双向互动的过程，在课堂中，教师起着主导作用，教师是学生学习的支持者、引导者和参与者，因此师生之间的关系将直接影响课堂的教学质量。师生关系良好的教师在工作中精神饱满、情绪稳定、干劲十足，会通过言行、举止反映出来。他们在教学活动中愿意投入更多的时间和精力，对学生倾注爱心，营造良好和谐的课堂气氛，用真诚和热情去感染和打动学生。教师积极乐观的情绪会深深感染学生，使学生保持愉快的学习心境，使学生伴随着愉悦的情感体验参与教学过程，从而提高学生的学习兴趣，积极配合教学活动，更好地接受新知识，达到良好的教学效果。而师生关系紧张的老师经常不能克制生活中不愉快的情绪，一旦发现学生不配合教学活动，容易迁怒于学生，对学生冷嘲热讽，严重打击学生的自尊心和自信心，使学生上课积极性不高，对教学内容毫不关心，对学习采取消极怠工的态度，反过来挫伤教师授课的热情和积极性，严重影响了授课质量。因此，良好的师生关系是提高课堂教学质量的前提。

（四）提升教师综合素质

在新时代教育发展的前提和背景下，社会对教师的综合素质提出了更高的要求，包括思想素质、专业素质、人文修养等。俗话说，学高为师，身正为范。由于教师职业具有示范性的特征，教师在人际关系方面的榜样作用更是潜移默化地影响着学生的人际交往、行为方式、身心健康等方面，从而提高学生的全面素质。人际关系和谐的教师比较注重教师之间的相互交流、相互沟通，经常与学生进行沟通交流，了解学生的思想状况，经常与班主任联系，共同处理学生的学习、生活以及情感等问题，形成对学生的教育合力，提高学生的心理健康水平，提高学生的培养质量。良好的人际关系则是教师与教师之间、教师与学生之间交流互动的基础。教师的人际关系需要在实践中获得。教师和教师之间应该建立起一种真诚、信任、合作与对话的关系。① 教师应通过学习党和国家教育方针政策和法律法规，树立职业理想和敬业精神来提高专业素养；通过学习专业知识、提升专业能力来提高思想素养，通过学习艺术、遵守师德来提高人文修养。把和谐的人际关系纳入绩效评价中，学校领导对教师以诚相待，这对于激励教师之间形成和谐的人际关系具有推动作用。

---

① 程凤农. 教师实践性知识管理研究［D］. 济南：山东师范大学，2014.

二、高效型人际关系的特点

（一）开放性

高效型人际关系具有开放性。人际关系是人们在面对面的交往过程中形成的，个体可切实感受到它的存在。没有直接的接触和交往不会产生人际关系，人际关系一经建立，就被人们直接体验到。教师选择与谁建立人际关系，在于个人的选择意愿。人际交往中，教师采用率真的话语、诚恳的态度与对方交流，展现开放的自我。

（二）自主性

高效型人际关系具有自主性。随着社会不断向前发展，人们的思想观念发生了重大变化，独立性增强，打破了过去那种人身依赖关系，人际关系开始向成熟迈进，这是社会的进步。人际关系的自主化程度越高，越有利于人们聪明才智的发挥。面对这种自主化的人际关系，领导者要克服依赖和懒惰的思想，开动脑筋，自立自强，以开拓创新的精神，奋发图强，率领组织前进。

（三）合作性

高效型人际关系具有合作性。传统的单打独斗的时代已经结束，很多时候，人们需要团结起来才能应对多变的形势，完成任务。合作可以产生一加一大于二的增倍效果。伟大的革命导师马克思曾说过“人是各种社会关系的总和，每个人都不是孤立存在的”。要处理好这些关系，就涉及人际交往能力问题。在合作与发展的信息时代，领导者要树立团队意识，鼓励教师形成共同体，相互学习，主动推进合作。

（四）平等性

高效型人际关系具有平等性。随着社会民主化进程的发展，社会主义核心价值观深入人心，建立在不平等基础上的人际关系已日益遭到唾弃。人与人之间的关系具有平等性。领导者要正确使用权力，进行民主管理，反对等级制度，发扬民主作风，平等待人，在校园形成平等的人际关系。

三、激活高效型人际关系的策略

（一）对学校领导的建议

1. 营造和谐宽松的工作环境

学校领导应坚持以人为本，关心教师日常工作，走进教师心灵世界，事事为教师着想，营造和谐宽松工作环境和氛围，增强教师爱岗敬业的精神，激发教师工作热情和斗志。首先，构建舒适的工作场所，工作场所是工作环境的必备条件，是营造和谐工作环境的物质基础。校长合理运用校园建设费用，在全校开展办公室文化建设，为教师配备电脑，摆放一些绿色植物，使办公环境现代化、合理化、舒适化和科学化。其次，营造宽松和谐的工作氛围。在管理方面，采用人性化、民主化的方式，把人际关系和谐程度纳入绩效考核中，但尽量减少不必要的检查、评比和重复培训，为教师从事工作提供更多自由时间和自主空间。创设公平公正的竞争环境，注重过程性评价，在学校的橱窗、宣传栏宣传优秀教师的事迹，弘扬正能量，教师的主人翁地位得以体现，学校发展将会更加有序。再次，良好的工作秩序，完善规章制度，只有建立完善的规章制度，人人遵守，各科室教工职责和分工明确，相互配合默契，才能更好地建立高效型人际关系。最后，融洽的内部关系。和谐融洽的工作环境是事业发展的重要保障。和谐的工作环境对于调节广大教师的工作情绪、激发工作热情具有重要作用。良好的人际关系可以减少人与人之间的摩擦，减少人与人之间不必要的心理负担，减少为协调关系所付出的时间和精力，从而大大提高工作效果和质量。

2. 搭建教师合作交流平台

学校领导应为教师提供交往平台，营造适于教师的感情氛围，使他们时刻感受到学校的温暖，增强教师的向心力和凝聚力。首先，学校应积极组织各种形式的教师集体活动，充分利用教师的业余时间和各种重大节日、纪念日，组织开展内容丰富多彩的活动。例如，“三八”妇女节组织女老师开展活动，组织教职工开展运动会、元旦联欢晚会、歌咏比赛、演讲比赛、知识竞赛等活动。其次，利用网络技术搭建教师网络沟通交流平台，例如，通过微博、QQ、微信等网络平台建立交流群，在校园网站上设立校长电子信箱、在线心理咨询、留言板、论坛等互动板块，加强领导与教师、教师与教师、教师与学生之间的沟通和交流，高效快捷解决问题，增进情感，还能方便师生在留言区讨论，及时发现研究过程中出现的问题并解决。现代信息技术在科技教育和教师学习成长方面具有积极作用，能促进教师创新意识的提升。再次，开展形式多样的教师队伍建设活动，例如，举办学术论坛，组织学术报告，邀请各学科领域的权威专家作报告，激发教师对学术活动的热情。通过各种学术交流活动，开阔教师的眼界和思路，不断提高教师的思考能力及团队合作意识；组织教师相互听课、评课；开展教案、板书设计、多媒体课件、说课、讲课等教学业务竞赛活动。最后，搭建与外界联系的平台，组织教师深入社区或农村开展宣传、支教等社会实践活动，充分利用学科专业优势深入开展地方服务活动，积极参与地方的经济社会文化发展，真正把知识优势转换为产品，通过服务基层充实办学资源，充分发挥教师自身潜能，提升自身的社会价值。这些活动可以增强教师在不同专业知识层面的交流，促进教师之间的交流与合作，增进教师的情感交流。

3. 鼓励教师参与学校决策

通过教师参与决策、组织内部的人际协调以及领导教师的示范，保障教师行进在教师专业发展的康庄大道上。教师参与决策是学校实施民主领导的一种具体的管理制度和运作模式。教师参与决策的主要目的，在于使教师有机会参与学校的决策，增进教师对学校决策过程的了解，以激发教师的责任心，让教师愿意为学校发展目标的达成而贡献力量。首先，充分发挥教代会、校务公开的作用，引导教师积极参与学校决策，学校领导听取教师意见，广纳贤良，鼓励教师参与学校决策。独断的领导作风决定着学校管理的各项工作带有专制色彩，公开透明的领导作风决定着学校各项工作更加灵活、民主，有利于学校教职工的团结，有利于人才的培养。① 其次，学校鼓励和实施教师参与决策，对改善学校管理、加强学校民主和科学管理、促进管理创新和学校发展都具有积极的作用。在特定的时候，针对特定的事情参与决策，对于学校中的问题充分讨论，可以增强决策的科学性，激励教师的积极性，有助于教师在学校决策中增加话语权，与同事建立友好合作的关系。最后，学校的决策民主集中，拉近学校领导与教师之间的距离，激发教师的责任心，增强对学校的归属感，维护教职工的合法权益，教师会更支持自己参与制定的决策，也更乐意配合管理层执行学校政策，从而形成和谐的人际关系。

4. 建设支持性的组织文化

组织文化是指学校在长期的生存和发展中所形成的，为学校多数教师所共同遵循的最高目标、基本信念和行为规范。组织文化是理念形态文化、物质形态文化和制度形态文化的复合体。哈特（Hart）等人通过对两所组织文化差异明显的学校开展教师职业阶梯项目发现，在民主、信任、开明、合作的学校文化下，教师表现出积极乐观的领导行为，而在行政权威主导、严厉封闭的学校中，教师表现出漠不关心的态度。② 组织文化主要有导向、规范、凝聚和激励作用。因此，校长应建设支持性的组织文化。校长应当建设学校和谐人际关系的组织文化。首先，建设支持性的组织文化有利于调节学校领导与教师、教师与教师之间的关系，在一定程度上决定着组织内部的人际关系；其次，建设支持性的组织文化有利于调节教师与学校之间的关系，影响教师对学校的向心力、学校对教师的吸引力；最后，建设支持性的组织文化有利于调节学校与社会之间的关系，包括学校与不同层次的社会成员的关系，

① 栗晓云．乡村教师专业成长问题研究［D］．石家庄：河北师范大学，2016.

② 周晶晶，欧文姬．教师领导力影响因素分析——基于广东省高职院校的实证研究［J］．广东职业技术教育与研究，2018（04）：54—58.

与传播媒介的关系，与社区的关系，塑造学校正面的形象，影响学校教师和学生的关系。

（二）对教师的建议

1．提升专业发展能力

苏霍姆林斯基曾说："如果你想让教师的劳动能够给教师带来乐趣，使天天上课不至于变成一种单调乏味的义务，那你就应当引导每一位教师走上从事研究这条幸福的道路上来。"① 校长应充分尊重和信任教师，制定相关的激励机制，对教师的工作能力及工作的效果进行评估考核，提高教师提升专业发展能力的积极性。而提升专业发展能力还要靠教师自身行动。首先，描绘专业成长蓝图，根据自身情况规划自身成长，树立阶段性职业目标，在实践时不忘初心，继续计划目标，可根据具体情况作出调整，但不过于偏离计划。其次，教师应积极主动地学习学科专业知识，坚持问题导向，坚持真学真知，持之以恒刻苦钻研，学深学透专业知识，打牢专业知识的基础，弥补知识空白、经验盲区、能力弱项，掌握新的教学技能，更好地提升职业能力和专业化水平，适应新时代教师的要求。最后，教师可撰写专业书，把自己对专业的理解，对教学的心得写下来，这是系统整理知识脉络的有效方法，也是以终为始的学习方法。可以把写书设为目标，为了写成一本专业书，进行大量的阅读，进而提升专业研究深度。

2．强化合作交流意识

提升教师参与合作的意识，多与同事交流，处理好人际关系。营造和谐发展空间的关键在于交流。学校领导与教师沟通时，强调教师分工不分家，分工不分心，所思、所干都要以学校的工作大局为重，以团结为重，摒弃各种私心杂念，有"海纳百川、有容乃大"的胸襟。领导与教师、教师与教师之间要相互信任，相互交流，相互支持，相互配合，相互谅解，相互关心，

---

① 马宗夏，李金，夏纪舟. 教育科研与教师专业发展能力提升研究［J］. 科教导刊（电子版），2020（12）：77.

形成整体合力，在学校营造一种团结协作、共谋发展的良好氛围。首先，正确看待名利。以平常心对待评先评优，不能一心想着提升职务，应当先把工作做好。在名利待遇上不计较、不攀比，在能力水平上不自满，不懈怠。其次，树立自律意识，保持务实的工作态度，以身作则，甘于奉献。学校领导在管理时严格采用学校制度，接受纪律和法律的约束，养成务实、勤奋的工作态度。最后，强化交流意识。一个人走，可以走得很快；一群人走，才能走得更远。在平常生活中，学会欣赏他人优点，虚心向周围教师请教，相互交流工作经验。构建和谐的人际关系，使教师提高教学工作价值和意义的认可程度，达到双赢的效果。

3. 转变课堂教学理念

教师的人际关系能力作为教师基本素质的一个重要方面，通过长期的、潜移默化的影响对教师自身和学生的学习、生活、工作和身心健康发展产生影响，甚至对于提高学校教学质量，维护教师的职业形象，都具有重要意义。①

建立和谐的人际关系，教师应在实践中转变课堂教学理念，以课堂教学为突破口，面向学生未来发展，树立“面向全体学生，关注学生个体，提倡教学互动，实现师生共同成长”的教学理念。针对性地设计合作学习教学活动，帮助学生实现全面发展。教师必须更新教学理念，转变课堂角色，完善教育知识，提升教师话语能力，加强教师话语反思，改进教师话语策略，才能转变课堂教学理念。在提升课堂教学质量时，避免闭门造车，学会从自身和外在出发。首先，积极参与课堂研究。通过观摩慕课、名师公开课等，针对教学难点的突破、某些教学方法的恰当运用、某种教学思想的有效体现等进行专题性研讨，以获得经验，挖掘自身的教学潜能和教学基本功，这有利于提高教学能力和教学水平并将新理念转化为教学行为。其次，精心设计课堂教学环节。用多种教学方式，充分调动学生的学习兴趣，发挥学生学习的主动性，让学生对教师产生敬佩之情，有利于建立良好的师生关系。最后，

---

① 黎进深. 思政课青年教师人际关系的构建研究［J］. 延边党校学报，2013（03）：111－113.

对课堂作出评价。经常对自己的教学进行反思，使自身的专业素养发展始终保持在一种动态、开放和持续发展的状态，及时总结经验教训提高自己，以高尚的品格、真挚的情感、得体的言行和渊博的知识赢得学生和社会的尊重，赢得学校领导的支持，进而提高教师职业形象。

人际关系是生活中的一个重要组成部分。当前，教师人际关系满意度已成为学校目标绩效考核的一个重要指标。良好的人际关系是教师身心健康的前提，也是教师顺利工作的保障。学校领导应该重视和管理好教师的人际关系，学校及社会更要注重引导其向健康、和谐的方向发展，增强归属感和向心力，为激活教师的高效型人际关系而努力。

第三节　绩效赋能，打造赋能型组织系统

组织赋能可以提高学校的运行效率。赋能型组织系统强调正确地做事和做正确的事，归根结底是为了提升学校的发展。组织赋能，能够推动组织自上而下地释放权利，激励教师创新驱动发展。学校领导应该重视绩效赋能，最大限度地发挥教师个人潜能，赋予教师力量，提供所需支持，打造赋能型组织系统。本节将从赋能型组织系统模型、赋能型组织系统的特点、打造赋能型组织系统的必要性以及打造赋能型组织系统的策略展开阐述。

一、赋能型组织系统模型

被赋能的教师感受到自己有信心和能力完成一件事情，并且认为个人的工作会影响学校的决策和发展，会将个人与学校整体发展结合起来。

庄蔚婷和马腾昊认为，赋能型组织通过组织文化、组织构架、领导风格

和管理方式等方面构建，最大程度地结合员工的个人动机和组织目的，给予员工“心理赋能”，充分调动员工工作积极性。① 张穹和曾雄等认为，赋能型组织，组织的逻辑不再是传统科层式组织所强调的管理和控制，而是赋能，也就是通过创造各种条件、机制、基础设施和工具，帮助组织中个体成员实现他们追求的创意和目标。② 杨剑和刘凤委认为，赋能型组织强调自下而上地驱动力量，激活组织，使其焕发出创新精神与活力。③ 任孝岐和刘琪等认为，赋能型组织，是为应对复杂多变和不可控的外部环境，赋予组织成员更多的潜在职能和自发智能，简化组织的纵向层级，实现网状化和去中心化，从而形成的紧密型组织。在笔者看来，赋能型组织是学校领导通过建立组织，应对工作中的问题赋能教师，让教师获得能量的一个组织。赋能型组织系统是在赋能型组织的基础上，有效解决分工和协调工作的一个系统。

结合赋能型组织内涵和学校发展，提出学校赋能型组织系统模型，如下图5—1所示，通过赋能个人和团队，让教师个人树立目标，有意愿参与到学校发展中，团队目标和个人目标同频，以人为本，提升个人能力，鼓励团队明确目标，加强管理，提高效能，通过赋能的个人获得价值感、自我效能感和影响力，促进高效和创新，进而加快学校发展。

---

① 庄蔚婷，马腾昊. 构建赋能型组织，创建世界一流新能源企业［J］. 企业管理，2019（S1）：138—139.

② 张穹，曾雄，蒋传海，应珊珊，陈青祝，寇宗来，刘雅婧，孙康勇. 数字经济创新——监管理念更新、公共政策优化与组织模式升级［J］. 财经问题研究，2019（03）：3—16.

③ 杨剑，刘凤委. 传统预算与数字化预算模式的比较分析［J］. 新理财，2021（04）：57—59.

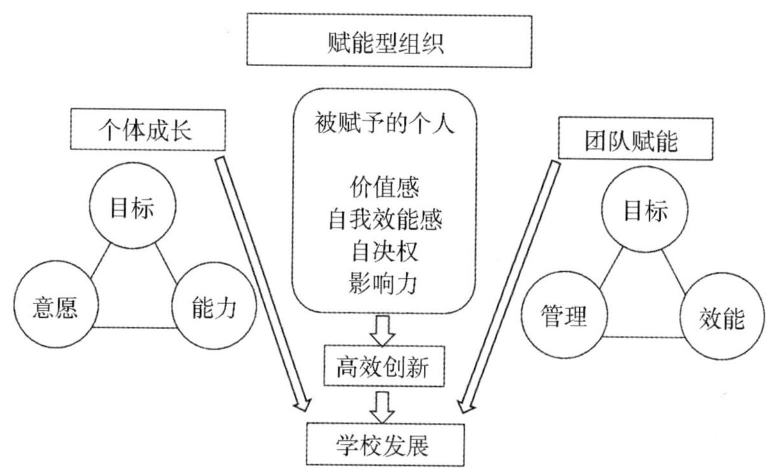

图 5—1　学校赋能型组织系统模型

个体成长。学校领导应该鼓励教师个体成长，让教师树立个人提升目标，运用授权、群策群力的方法让教师自主创新，自我规范，培养主动积极的意识，积极面对教育改革和工作中的挑战，在校园内形成积极向上的教风，建立优秀的教师队伍。

团队赋能。学校领导应该鼓励教师组成团队发展，设立队伍结构，从团队中找到定位，明确团队目标，自主决策，提升管理技能，创造价值创造力，提高效能。

通过个人成长和团队赋能，学校建立开诚布公的绩效反馈机制。让绩效考核领导制定和沟通内部考核规则。有了持续的绩效反馈沟通机制，进行绩效面谈，对照指标，寻找差距，改善工作，及时纠错，肯定进步。同时，建立透明公开的奖励机制。搭建公开公正的员工晋升通道，清晰的利益分配系统，通过差异化的薪酬激励体系、以人为本的非物质激励等多种人力资源激励机制，充分调动人才的积极性，培养教师卓越的战略能力。

二、赋能型组织系统的特点

（一）更紧密加强教师联系

赋能型组织系统加强学校领导与教师联系，教师之间紧密沟通，学校领导结合教育改革政策把握好学校发展的方向，制定合理的管理制度，实现教师思想、专业和技能的统一，对教师的日常工作帮助明显。

第一，打造赋能型组织系统可以加强教师的合作交流。赋能型组织让教师以团队的方式共同成长，紧密的联系让教师得到互相帮助。新课改的目标之一是改变课程结构过于强调学科本位，科目过多和缺乏整合的现状，加强学科间的联系，倡导学科整合及课程的综合化。如研究性课程的开设，仅靠教师个人现有的知识、技能、经验、时间去独立解决和完成是不现实的，也是不可能的。教师之间需要组成能力和特长互补的机构和组织，这有利于发挥群体的智慧和力量，实现跨年级、跨学科、跨层次协同教学，实现学科间的知识融通。

第二，赋能型组织鼓励教师吸取更为先进的教育教学理念和新型教学手段，教师不仅仅只是教书，也需要开展研究。例如，开展课例研究，对课本中产生的问题、情景进行分析，教师个体有时是难以独立完成的，需要与其他教师交流和探讨，需要学校的组织、管理上的支持。

第三，赋能型组织强调教师之间进行心灵交流。面对生活中的压力，同行的人有更深刻的印象。教师在工作之余，和其他教师分享日常生活，共同探讨教学生活中的问题，寻找解决办法，解除烦恼，满足心理需求，这也增进了教师之间的情感，有助于相互理解和鼓励，加强联系。

（二）更注重激发教师驱动

赋能型组织具有开放、包容的特点，注重激发教师的内驱力，能更好地提高教师的自信心、成就感和荣誉感，容纳多元差异化观点和思想，在尊重教师意愿和想法的基础上，共启愿景和价值观。

第一，学校领导为教师创设一个健康、和谐的文化环境，搭建一个积极向上的平台，激发教师的自我认知、自我修养、自我发展的内驱力，满足教师不同层次的需要，实现教师精神需求。在校园内形成积极向上的氛围，教师有良好的精神面貌，主动提升综合素质，练就过硬的教学技能。教师之间紧密交流能让更多教师少走弯路，这是促进教师专业成长积极有效的途径。

第二，学校领导做教师的朋友，促进教师愉快工作，激发内驱力。别林斯基说过："爱是教学的工具和媒介。"对教师的信任与尊重则是教育成功的保证，在教学中，学校领导应关爱和尊重教师，积极与教师谈心，让教师感受到组织的温暖，从而激发内驱力。与教师建立深厚的情感，有利于拉近领导与教师之间心灵的距离。

第三，学校领导运用激励性评价，激发教师内驱力。学校领导往往鼓励教师多表扬学生，多发现学生优点，从而激发学生的内驱力，但却忽略了对教师的表扬。领导的肯定是教师前进的动力，能增强教师的幸福感。学校领导应经常鼓励教师，鼓励教师激励学生，从而取得师生双赢的绩效。

（三）更突出创新创造创优

赋能型组织高度重视创新，鼓励教师自主思考，跨学科、跨年级交流，激励教师创造，创优，允许犯错，宽容失败，使教师把绩效考核指标转化为创新成果，从而使得教学决策有新的突破，实现创造型的落实。

第一，鼓励教师把个人成长融入为学校发展、为学生服务的实践之中。学校领导激励教师把个人和集体联系起来，让教师充满责任感和使命感。例如，国家推出的学生课后托管服务政策，学校在落实的过程中，教师发挥着重要作用，学校领导要尊重教师，鼓励教师响应国家政策，清晰定位自己，号召教师把个人和学校融合在一起，让教师充分相信发展自己就是在为学校发展做贡献。

第二，鼓励教师解放思想，转变观念，把信息化教育建设作为学校传统教育迈向现代教育的主要途径。教师放开眼界，拓宽视野，主动学习信息化教学手段，用信息化理念引领教育发展、现代教育技术开展教学。多学习名师的课程、教法，把学习的内容内化于心，再把所学知识运用到工作中。

第三，强调教师创新创造创优的意识。打破常规思维，做到创新创造创优。一要打破传统教育的思维模式，要站在全局看教育，融入大局看教育；二要打破就常规抓常规的思维模式；三要打破就传统抓传统的思维模式。突出带动作用，培养一批有实力、有眼光、有恒心的教师作为引领者，带动其他教师开展创新创造创优建设，形成示范和带动效应，打响学校品牌。

（四）更强调信息资源共享

赋能型组织注重教育资源的共享，教学信息、资源、思想在组织中能够自由流动。信息共享保证教师的工作效率，让教师能充分、全面认识学校，在学校平台找教育资源，学习知识，发表自己的感想，清楚职责，做好工作。

第一，校园网络资源让教师有了学习平台，开启智慧学习，搭建了应用信息技术的学习平台，能够让教学资源共建共享。例如，上完课后，教师根据学校教育的重点、难点以及热点问题在网络平台上选择性学习。大力开展网络环境下的教学模式、资源建设与应用、信息技术与课程整合，有利于形成高水平的研究成果。

第二，教师在平台上发布教育资源。教师之间进行分享，彼此交流更加紧密，让教师的智慧更好地发挥出来，擦出思想的火花，缩小新教师和老教师的差距，让更多新教师学习到老教师的经验，有利于提高教师的理论水平、教育教学水平、技术水平以及信息技术与学科教学整合的能力，逐步形成有信息化特色的学校教育、教学和管理体系。

第三，建设数字化教学环境。结合学校自身实际，从提高信息化建设绩效出发，积极构建数字化校园，加大学校数字化教学硬件设备的投入，为实验研究以及在网络环境下开展各项教育教学和研究活动提供基础条件。数字化教学平台交互性强，内容更新速度非常快，实现教育信息的及时流通。教师可以登录数字化平台，了解学校公告、资源、课程安排等情况，咨询教学有关的问题，也可以开设更多有利于教学的栏目，如论坛、博客等①，大大提高教学效率。

三、绩效赋能，打造赋能型组织系统的必要性

（一）贯彻落实国家教育政策部署的举措

赋能是应对复杂多变、充满不确定性与模糊性的新时代的有效管理方式之一。当前，教育制度不断改革和完善，学校领导要按照党中央的要求和安排部署，落实一系列政策，教师创新顺应时代要求。而建设赋能型组织系统是新时代有效应对不确定性，创造性贯彻落实党中央决策部署的举措。以办好人民满意的教育为宗旨，完善办学条件，通过优化学校布局加强师资队伍建设，着力加强名师、学科带头人、省特级教师、正高级教师培养，全面激发新时代学校教育办学活力，满足“新课程、新标准、新规范”和教育现代化、信息化和特色化的要求，加快推进教育治理体系和治理能力现代化的有力举措。

（二）加强优秀教师队伍建设的内在要求

创新是第一动力，人才是第一资源。强大靠创新，创新靠人才。激发创

① 郭能强. 多媒体环境下数字化教学平台建设研究［J］. 信息记录材料，2019（2）：179－180.

新动力，关键是要通过组织引领，对教师个体充分赋能，解除束缚，跨界思维，释放最大潜力。学校领导要充分从思想、能力、生活等方方面面，全方位为教师赋能，激活主观能动性。从“要我干”到“我要干、我们一起干”，从“被驱动”转到“自驱动”，焕发教师活力，打造创新引擎，激发教育教学动力。

强化教师职业教育理念、专业知识与信息化教学水平，通过校内外培训、交流学习、观摩示范课、组织磨课等方式提高教学能力，打造一支由专业带头人、教学名师、骨干教师、兼职教师等组成的高水平、高素质、具有创新精神的师资团队。

（三）推动学校教育价值创造的具体需要

组织赋能，可以有效提高学校的组织效率，推动组织自上而下地释放权利，驱动有效管理，不断激发组织的活力、动力、创新力，打造良好的创新创优环境，营造“人人向前、个个争先”的团队氛围。同时，通过赋能教师，教师结合学校特色开发校本课程体系，如，活动课程包括升旗仪式、体育节、艺术节、科技节、读书节、参观活动、竞赛活动、自主活动等内容；拓展型课程包括学科竞赛类、人文素养类、科学素养类和身心健康类等四大系列；探究型课程包括小论文、小制作、创新设计、小课题研究等，以使学生体验研究性学习并培养科学素养①，也使学校成为给教师提供机会、赋予权利、激活潜能的组织，从而使教师推动学校教育价值创造。

---

① 安德成，余绍平．论学校文化建设与特色发展［J］．教育科学论坛，2015（16）：16—18．

四、打造赋能型组织系统的策略

（一）赋能中心工作，推动价值创造

1．构建功能聚合型的组织机构

聚合型组织是由学校各个部门集合而成联系紧密的组织。具有这样的特点：整个组织的管理模式有比较严格的执行模式，也有比较灵活的模式。学校领导每学期制定好中心工作，按照时间段去落实，根据实际情况做出工作计划调整，学校的一切工作都是为学校中心工作服务。组织内部教师的自主性比较强，教师可以根据自身情况制定发展目标。教师可以通过与他人沟通，如不同年龄段的教师聚集在一起，解决教学困难。以教师培养为重点，优化教师培养机制，完善培养架构，帮助教师规划和建立个人职业发展目标，推动员工自主、自发、自驱成长，提升教师归属感、价值感和成就感，实现组织为教师赋能；以学生为中心，明确学生是学校培养的主体，改进教学内容，创新教学形式，运用高效方法，建立教师和学生的和谐关系，实现教师为学生创造价值；建立专家讲堂、知识共享等文化赋能，形成透明、信任的工作氛围。通过建设功能聚合型的组织，加强领导与教师、教师与教师以及教师与学生之间的更深入交流。

2．实现与中心工作的深度融合

赋能型组织统筹学校教学和科研，负责把学校发展目标建立起来，从班子建设、优秀教师队伍建设、科研团队建设、思想政治建设等方面分解任务，与学校发展目标一致，实现目标同担、责任共负，让教师的工作与学校的中心工作融合起来，深入开展教学、科研与中心工作融合实践，使教育工作更有序，教学更创新，科研硕果更多，发挥组织价值。

首先，学校领导做好班子建设，确立学校中心工作，做好规划。其次，学校领导加强优秀教师队伍和科研团队建设，鼓励教师常学常思常新。赋能

组织中的教师个体，让教师的工作围绕着中心工作开展，备课组讨论问题或教师在听课、评课等教学工作以及开展课题研究，检查工作是否和中心工作一致。再次，定期召开教职工代表大会，做好思想政治工作，增强教师职业道德理念，认真落实学校中心工作，让每位教师体会到学校中心工作的重要性。此外，学校应加大对教学和科研的投入，让教师更加集中搞教学和科研，把教学和科研放在与学校中心工作同等重要的位置。每学期末表彰先进教师，在校园内形成积极向上的教风。

3．运用学校文化潜移默化赋能

学校文化是学校核心竞争力的重要组成部分。学校文化赋能，能起到潜移默化、润物无声的效果，赋能型组织以校风为指南，以教风为动力，以学风为目标，运用学校文化让教师充满责任感和使命感，系统性思维梳理教学问题解决的对策，在达成文化共识基础上，促进问题难题的解决和工作效能的提升。以学校办学历史、办学业绩为背景开展教育实践活动，激发教师投身教育的热情。加强学校环境文化建设，营造良好和谐的校园氛围，为教师提供舒适的办公环境，更能让教师找到归属感。加强校园活动文化建设，让教师参与网络成果展示、校园特色活动策划、社团管理中，活动后得到相应的奖励，从而提高工作积极性。加强课程文化建设，在学校网络办公平台分享教育心得，分享优质课程，让教师更高效快捷获得科学的教学设计，接轨课改。加强制度文化建设，靠制度管事，靠制度管人，靠制度提升管理水平，把教师的绩效和为组织的贡献联系起来。

4．创新教育信息化的赋能手段

传统的教学模式和教学习惯大多是问题导向，通过发现问题，分析问题，解决问题的方式，更多的是教师在课堂上讲，学生听。由于教师缺乏对数据资源所蕴含的潜在价值进行深度挖掘和清晰研判，还没有形成开发运用数字教育的思维，导致大量的数据资源“深藏闺中”，造成极大的浪费。创新信息化赋能手段，能够推进信息技术和教育教学深度融合。

打破传统的教师各自为战的模式，构建集中统一的教师教育资源供给体系，充分运用互联网、大数据、云计算、虚拟现实、5G 等新型信息化手段，推动建设一批微课、慕课（MOOCS）等多种形式的优质数字教育资源，聚合学校优质教育资源，通过大数据检索、个性化推荐和兴趣化探索双引擎驱动，为每位教师推荐他所感兴趣的学习内容，把“要我学”转变为“我要学”，全方位满足教师专业发展需求。同时，创新教育信息化的赋能手段能够改造传统教学，鼓励教师利用信息技术提升教学水平，创新教学模式，利用翻转课堂、混合式教学等多种方式用好信息化技术。

（二）赋能教师个人，激活主观能动性

1. 深化教师思想引领

教育的初心是立德树人，教师的本分是教书育人。[①] 在教学工作中，师德是非常重要的。加强教师职业道德建设是时代发展的需求，是落实立德树人任务的必然要求，是专业化教师队伍建设的关键，是防范师德失范的现实需要[②]，要坚持教师做学生的思想引领者这一思想。在开展课堂教学时，教师可结合国家时事政治、工作感受和生活经历，围绕一个主题开展教学。学校领导组织教师学习新思想，在一个阶段内集中教师认真学习习近平新时代中国特色社会主义思想，解读国家最新教育政策，不断提高政治觉悟和政治能力。学习优秀教师的感人事迹，例如，用张桂梅、王红旭等教师的事迹感召自己，让教师体会到这些优秀教师的不一般的精神风范和至诚至深的教育情怀，体会到教师是一个用心育人、忘我奉献、崇高的职业。同时，教师也感受到自己在社会主义教育这条道路上有贡献一份力量，形成源源不断的内生动力。

2. 激发教师自驱成长

赋能型组织激活教师自驱成长，激发教师教育热情。首先，教师精于课堂教学。课堂教学是一个老师的立身之本。作为一名老师，教学质量是保证学生有效学习的关键。教师在施教前，需要对课堂教学进行思考，善于借力，包括身边的优秀老师的经验等等，取长补短。好的课堂还需要磨练课上功夫。

---

① 张臣文. 教师教育课程思政育人路径研究［J］. 湖北文理学院学报，2021（3）：81－85.

② 王珍. 中小学教师职业道德建设的现实困境及破解路径［J］. 教学与管理（理论版），2020（5）：61－64.

要学会研究教材，整合教材，追求教学的创意新颖；要善于创设美的意境，激发学生学的兴趣；要学会倾听学生，评价语言要充满真诚等等。

在课后时间，教师需要进行自我管理，重视个人学习管理，增加知识储备，例如阅读专业书籍，听名师课堂等等。此外，学做课题研究，进而提升教学层次，把老师这个职业上升到一个新的高度。通过理论和实践，提炼出有意义有价值的东西，以论文和经验总结报告的形式表达出来，就是成果。

3．推行教师职业培训

加强对教师培养培训工作的统筹规划。学校领导需加强与教育部的联系，结合本校情况，认真编制教师培养培训规划，统筹安排教师培养培训工作。要建立健全教师培养培训各项制度及相关实施细则，加强对制度建立和落实情况的监督检查。要加快培养培训观念新、知识厚、技能强的专业教师。要重视教师理论培训，可通过邀请高校教授、行业专家开展专题培训，开展现代教育技术、教研科研等方面的理论培训，让教师更清楚获取学习资源的渠道，提高专业素养。要加强教师在实践方面的培训，创造更多教师职业技能比赛、到其他学校讲公开课、在课堂中运用新技术等实践活动的机会，让教师多实践，及时总结，提高实操能力。

4．增强信息资源共享

强化支撑，构建透明、精细、共享的信息化平台。教师主动利用中小学信息系统，发挥智慧校园和教育信息化的网络互联优势，进行学校智慧管理；借助信息化手段，进行优质教研资源共享，让教师进行网络研修和共同反思；利用信息平台借鉴国外创新人才培养模式，积极开展创新教育探索，促进基础教育由知识教学向能力培养和思维提升转变。在日常生活中，教师要以网络平台为依托，基于计算机网络技术，将教育信息资源分享到网络上，建设学校文化。教师有效地运用信息技术、网络资源，合理地设计课程理念、结构与内容，这对于教育学生有更好的效果。信息平台把教师的智慧集中起来，更开放、更合理地增强信息资源共享。

后 记

2002年，我被任命为廉江市第五中学（原“石城中学”）校长，当时学校处于艰难的办学时期，要使教育获得发展，必须主动寻求出路。为了提高教育教学质量，我在学校大力推行教育教学改革。与此同时，教师作为教育教学体系的核心。我明白，要提高人才培养质量，教师是最关键的因素。由此，我强化了学校的教师管理工作。

在教师管理方面，我坚持以人为本的原则，实行严爱结合的管理措施，并积极推行多劳多得、优绩优酬的奖励制度，努力为教师制定公平合理的竞争体系，帮助教师摆正教学心态。为了做好表率工作，我做到了以身作则，积极参加教学改革，每月定期开展教学检查、学生座谈会，每学期定期组织教师教学质量抽查活动。这极大地激发了教师的工作热情，调动了他们的工作积极性，让我校在短短的两年时间内有效提高了教育教学质量。这令我开始对教师管理与评价有了较大的兴趣，也为我后来提出的“绩效赋能教师评价”积累了一定的评价经验。

近年来，我担任了石城中学校长、廉江五中校长、廉江一中校长，现任廉江中学校长，在学校的管理工作上，我对教师评价有了新的体会。教师评价是促进教师进行专业发展的重要途径，也是保证人才培养质量的基础。2008年，教育部出台了《关于做好义务教育学校教师绩效考核工作的指导意见》，里面明确规定“必须建立符合教育教学规律和教师职业特点的教师绩效考核制度”。但这些年来，教师绩效工资的实施并未达到理想的效果，没有真正发挥出教师评价的激励与导向作用。这促使我对过去的教师评价经验进行思考，倘若能够通过教师的绩效评价，唤醒教师的工作热情，赋予教师源源不断的奋斗能量，不就能够引导教师提高自身专业知识与能力，自觉形成高素质的专业化教师了吗？

在此后的日子里，我潜心学习了很多关于教师绩效管理与评价的论著，比如蒋佳龙的《基础教育教师绩效评价系统及应用研究》、张均的《唤醒专业自觉的中学教师评价研究》、申继亮和孙炳海的《美国教师评价的发展历程与评价模型研究述评》《教师评价内容体系之重建》等，并结合自己的教师管理实践经验，提出了“绩效赋能教师评价”，构建了教师评价的三大模型。经过不断的探索与实践，我发现绩效赋能教师评价取得了良好成效。

2018 年，在与王林发教授的一次交谈中，我向他倾吐了这些年来自己对教师管理与评价的心得体会。王教授一听，对我近年来的实践与探索进行了充分的肯定，在他的建议下，我将自己对教师评价的探索与实践整理成书，希望能够为县域学校的教师评价提供借鉴与参考，也为摆脱当前的教师评价困境出力。

就这样，我踏上了整理与写书之路。在这段写书的日子里，由于学校政务繁忙，我常常遇到停笔搁置的情况，但我始终没有放弃，哪怕时间很紧迫，我也每天坚持书写。书稿写到今天，终于完成了！这离不开一直以来耐心指引和帮助我的王林发教授。在此，我要特别感谢王林发教授对我们“绩效赋能教师评价”给予的肯定与悉心指导，让我拥有不畏困难、迎难而上的勇气。

虽然本书的书稿已经完成，但我仍会抱着学习的态度，继续深入探索绩效赋能的教师评价，让教师评价真正发挥它的诊断、反馈、激励和导向作用。书中有不足之处，在这里敬请读者朋友们谅解与指正，我们将认真听取您的宝贵意见，并在今后不断完善！

作者

2021 年 8 月